中央大学社会科学研究所研究叢書……35

政治的空間における有権者・政党・政策

三船 毅 編著

中央大学出版部

はしがき

　1994年の選挙制度変更の後に，日本の政治空間を構成する主要なアクターである有権者，政党に大きな変化が現れた。まず，有権者では，国政選挙の投票率は55年体制と比較すると低水準でこれまで推移してきており，一向に上昇する傾向は見られない。また，有権者の政党支持も支持無し層も潜在的には半数近くになっているように考えられる。このような中にあって，一方では2016年から18歳選挙権が実施され，20歳代よりも高い水準の投票率が示されている。

　政党のほうに目を転じれば，1993年の自民党分裂以降1995〜98年にかけて多党化し，一旦は二大政党化の兆しを見せたが，2009年から再度政党の分裂が起こり，2017年秋には民進党が崩壊して現在に至っている。このような状況は有権者と政党が互いに歩み寄り，政治というものを通して社会を統合していくことが期待されながらも，逆に両者がますます乖離していく状況に見える。

　さらに，これら2つの主要なアクターの置かれている状況から，政策にも変化が起こっていると考えられる。1990年代後半からは規制緩和が胎動し，小泉政権の発足と同時に新自由主義イデオロギーをまとった構造改革の中で社会的規制緩和が行われてきた。さらに第2次安倍政権からは急速に安全保障政策の転換も行われている。なぜ日本の政治がこのように変化してきたのか，明確な因果構造をもって明らかにすることは難しいであろう。しかし，本書に掲載した論文は，これらの現実と密接に関わる問題を捉えて，その一端を明らかにしようとする研究である。

　第1章は，寺村絵里子「女性の政治参加と政治意識――職業属性に着目した実証分析――」である。日本でジェンダー問題が提起されて久しいが，実証研究の蓄積は多くないのが実情であろう。そのような中にあって，日本の女性の政治意識と政治参加について，女性の職業・就業形態が政治意識および政治参

加をもたらす要因を分析している。分析の仮説は2つ設定される。第1の仮説は「職業属性によりジェンダー政策について考え方に違いがあるのか」であり，第2の仮説は「自営や勤めの女性が無職および専業主婦の女性より政治参加が多いか」である。分析は大規模なパネルデータを用いており，詳細な記述統計によるメタ分析を踏まえて，回帰分析から要因の効果を検討している。分析からは，第1の仮説については，ジェンダー政策への賛同度合いは働く女性と専業主婦・無業女性の間で差は見られず，第2の仮説である政治参加・行動の違いについては，職業属性やジェンダー政策の違いが政治参加につながるとは言えないとしている。

　これらの分析結果は，女性有権者の政治参加そのものも男性に比べて低く，かつ政治活動の内容も投票行動のほかには周縁的な活動にとどまることを示唆している。また，働く女性は機会費用の高さゆえに，政治参加の頻度が職業を持たない女性と比べても必ずしも活発ではないことを示唆するのである。しかし，働く女性の中でも自営の女性は自治会への参加，専業主婦は例えば子供のPTA活動を通じた政治参加など，職業属性により政治参加に至る行動パターンが異なるのではないかと論考している。これらの結果から，日本ではジェンダー政策に関する支持が女性の政治参加に結びつかない点を問題提起している。

　第2章は種村剛「科学技術政策は国政選挙の争点となっていたのか？――2016年参院選を事例として――」である。この論文の狙いは，日本人が科学技術政策をいかにみているのかを明らかにし，さらに政策的な問題点として捉え直すことである。そこで2つの問題を設定する。第1の問題として「日本の科学技術政策は国政選挙の争点となっているのか」そして，第2に「第1の答えを受けて，争点となっている／なっていないならば，その理由はどこにあるのか」である。これらの問いに対して，2016年参議院選挙の状況から答えを導き出す。この背景には，2016年に日本学術会議議長が自衛のための軍事的研究を容認する発言をしたことがある。第1の問題に対する回答は2016年参議院選挙マスメディアの世論調査を精査し，マスメディアは科学技術政策を世

論調査に挙げていないとする。この回答を受けて，第2の問題の答えとしてマスメディアおよび有権者は科学技術政策を〈広義の争点〉にしていないと結論づけている。

では，なぜ2016年の参議院選挙で科学技術政策が〈広義の争点〉とならなかったのであろうか。その理由として，各政党の主張する科学技術政策に対しては大きな違いが見られないとしつつ，科学技術の目標達成手段では「運営費交付金」「競争的資金」「選択と集中」「軍学共同研究」の点で主張に差異が存在しているが，それらは必ずしも争点評価の条件を満たしておらず争点になっていないのである。その理由として，各政党が選挙公約で提示する科学技術政策案では，達成目標に大きな違いは見られず，目標達成の手段が異なる「総論賛成・各論反対」の構造が問題であるとしている。

第3章は塩沢健一「『18歳選挙権』導入の効果と今後——地方レベルにおける住民投票の経験を踏まえて——」である。2016年参議院選挙では，有権者の年齢が引き下げられ，18歳から投票が可能となった。この論文は18歳選挙権導入が及ぼした影響を概観し，その後の住民投票などの詳細なデータから20歳未満の若年層の投票行動の特徴を分析する。18歳選挙権導入がもたらした重要な変化として，低学年の段階から政治，選挙の学習機会が増加することにより投票参加の習慣化可能性を示唆する。では，実際の18歳未満の選挙権導入はどのような状況であったかというと，おおむね18，19歳は住民投票では投票に際して高い関心を有しており，投票に際しては慎重な態度であったとしている。しかし，18歳選挙権導入のすべてが良いことばかりかというと，実は懸念材料もあるという。たとえば，投票時期である。18，19歳では受験シーズンや，期末試験などと重なれば，投票行動に影響を及ぼすことは想像に難くないのである。しかしながら，年齢を2歳引き下げたことの重要なポイントは，政治的社会化の重要な時期に実際に政治に参加する機会を得て，またその親も子に感化される相乗効果が期待されるということである。

第4章は三船毅「選挙制度が政策空間に及ぼす影響：比較制度分析からみた政策変化」である。1995年に橋本内閣が成立して以降，規制緩和は大きく進

展しており，特に 2001 年に成立した小泉内閣からは，構造改革特区という形で社会的規制の緩和が進められてきた。日本の民間経済活動，市場における規制は，官僚，政治家，業界団体から成る日本版「鉄の三角形」によりもたらされ，規制緩和は総論賛成・各論反対という状況で遅々として進まなかった。だが，2002 年からの構造改革特区により規制緩和は大きく進展した。筆者は，この原因を，選挙制度変更を契機として政治家と業界団体の関係が変化したことによると捉えて，自民党議員と業界団体の関係を比較制度分析の枠組みからゲーム理論を用いて理論的に分析する。モデルの分析結果から中選挙区においては自民党議員と業界団体は，選挙区内に自民党議員が複数いることにより，両者が特区に反対する状況が均衡となっている。だが，小選挙区においては自民党議員と業界団体は，選挙区内に自民党議員が 1 人しか存在しないことにより，両者が特区に反対する状況が均衡となっている。無論，構造改革特区創設の要因は選挙制度変更だけでなく，他の要因の影響が多分に存在する。しかし，これらの均衡を併せて考えるならば特区創設という規制緩和の背後には，選挙制度の変更があったと考えられるとしている。

第 5 章は宮野勝「『政治家』不信の考察——測定方法を中心として——」である。日本をはじめとした先進国では，政治不信が深まりつつあると言われて久しい。政治不信の研究は多くの蓄積があるが，過去にはその測定方法を巡り，不信の対象は何なのかという根源的問いかけがなされ，論争となったこともある。このような問題が決着したにもかかわらず，未解決の問題もある。そこで，測定方法に関する未解決の問題として，3 つの問題に焦点を当て，2015，2016 年のサーベイデータで検証を行っている。第 1 に「政治家」信頼度の測定方法である。ここでは主な 4 つの測定方法に焦点を当てる。まず 2 つの測定方法であるが，それらは World Values Survey, American National Election Studies など大規模な調査で用いられてきた質問である。さらに日本で一般的に用いられる質問文，最後に近年広まっているヴィネット質問である。これら 4 つの質問でみたところ，日本の政治家不信は根強く存在しているのである。第 2 に「政治」・「政府」信頼度と「政治家」信頼度の関係である。

政治不信の深化として，これまでは「政治家不信」が進み「政治・政府不信」に深化すると考えられてきた。分析の結果からは「政治家」に対する不信は強いが「政治」・「政府」への不信は相対的には低い段階にあるとしている。第3に，誰が，なぜ「政治家」を信頼できないのかである。まず，誰であるが，これは収入・生活水準などの経済的要因が不信を作り出しているとするが，マスメディアの影響もあると考えられるとして，政治不信の複合的要因を示唆している。

なお，本書は中央大学社会科学研究所で2014年から2015年度にわたる研究チーム「政治的空間における有権者」（代表：三船毅）による研究成果をまとめたものである。研究メンバーのほとんどが，いまや大学で中堅的な立場になり，研究会も半期に2回のペースでの開催となってしまった。筆者の方々には早々に原稿を提出していただいていたが，諸事情から編集作業を滞らせてしまい，多くの方々にご迷惑をおかけしたことをお詫びする。研究会では，チームの参加者のみならず，一般の参加者からも知的好奇心に満ちたご意見を頂けたことに感謝する。今後もこのような形で研究会が新たな研究チームに引き継がれていくことを願っている。

編集作業では中央大学社会科学研究所の皆様に大変なご苦労ご心痛をおかけしたことに対しては，お詫び申し上げるとともに，常に冷静にサポートしていただいたことに感謝申し上げる。最後に，中央大学出版部の皆様には，刊行に際していろいろと無理をお願いしてしまい，申し訳ない次第であります。ご尽力に心から感謝いたします。

2018年3月

編著者　三　船　　　毅

目　　次

はしがき

第1章　女性の政治参加と政治意識
　　　　──職業属性に着目した実証分析──

寺村絵里子

1. はじめに …………………………………………………………… 1
2. 先行研究 …………………………………………………………… 2
3. 分析期間における経済状況・政策・女性就業の現状 ………… 5
4. 使用データおよび仮説 …………………………………………… 7
5. 記述分析 …………………………………………………………… 9
6. 分析モデルと政治参加に関する要因の推計 ………………… 12
7. まとめ・考察 …………………………………………………… 20

第2章　科学技術政策は国政選挙の争点となっていたのか？
　　　　──2016年参院選を事例として──

種村　剛

1. はじめに ………………………………………………………… 29
2. 日本の科学技術政策の現状 …………………………………… 30
3. 日本の科学技術政策は国政選挙の争点となっていたのか？ …… 38
4. 各政党は科学技術政策を〈争点候補〉として
　　提示していたか？ …………………………………………… 45
5. 手段に関する政策の違いは,〈争点評価の条件〉を
　　満たしているか？ …………………………………………… 56
6. まとめ …………………………………………………………… 60

第3章　「18歳選挙権」導入の効果と今後
——地方レベルにおける住民投票の経験を踏まえて——

塩沢　健一

1．はじめに …………………………………………………………… 67
2．選挙制度改正がもたらした変化 ………………………………… 68
3．住民投票における若者の投票行動 ……………………………… 72
4．2016年参院選における若者の投票参加と課題 ………………… 91
5．おわりに …………………………………………………………… 94

第4章　選挙制度が政策空間に及ぼす影響：
　　　　比較制度分析からみた政策変化

三船　　毅

1．はじめに …………………………………………………………101
2．規制改革の過程 …………………………………………………104
3．モデルの枠組み …………………………………………………107
4．モデルの分析 ……………………………………………………111
5．おわりに …………………………………………………………130

第5章 「政治家」不信の考察
――測定方法を中心として――

宮野　勝

1．はじめに ……………………………………………………………… 135
2．政治信頼と「政治家」信頼の測定の問題 ………………………… 136
3．本研究での政治信頼と「政治家」信頼の測定 …………………… 139
4．異なる方法で測定した「政治家」不信の〈分布〉 ……………… 141
5．異なる方法で測定した「政治家」不信の間の〈相関〉 ………… 151
6．政治家不信の原因：量的探索 ……………………………………… 154
7．政治不信の原因：質的探索 ………………………………………… 159
8．結　　論 ……………………………………………………………… 161
　付論：マスコミデータとの内閣支持率の比較 …………………… 163

第 1 章
女性の政治参加と政治意識
—— 職業属性に着目した実証分析 ——

寺村絵里子

1．はじめに

　本研究は，日本の女性の政治意識と政治参加について，女性の個人属性別に分析を行うものである。特に職業・就業形態別に女性の属性を分け，政治意識と政治参加に着目し分析を行う。

　女性に焦点をあて，これらの検証を行う意義は大きい。世界経済フォーラム（WEF）が発表した『The Global Gender Gap Report 2017』によれば，女性の地位を4つの分野[1]から指数化したジェンダー・ギャップ指数の日本の順位は，調査対象144ヵ国のうち114位と先進国の中でも極めて低い順位にとどまっている。特に，評価対象となる4分野のうちの1つである「政治における男女平等」の順位は123位にとどまっている。この要因の1つとして，政治の分野における女性議員割合の低さが指摘されている[2]。クオータ制などを導入していない日本においては，政治の分野における女性参加をどのように促すかは難しい問題である一方，喫緊に促進すべき課題といえよう。

　一方，女性自身も政治に関心を持たなければ，政治運動に携わる女性も増えないだろう。実際に若年・中高年女性の政治意識と政治参加はどのようになっているのだろうか。個人属性に着目し，働く女性と仕事を持たない女性の間で政治意識に違いはあるのだろうか。さらに，選挙のたびに争点の1つとなる女

性活躍推進に関する政策に女性有権者は関心を持ち，実際に政治活動に動いているのだろうか。このような視点からなされた計量的分析は意外にも日本には少なく，前田（2007）など数える程度である。本章では，投票者の意識・行動に着目したミクロデータを用い，これらの点を検証する。ただし，本章で使用するデータは後述するように調査対象者のほとんどが投票を行っており，投票行動そのものの分析は難しい。そのため，主に政治活動参加と政治意識に着目した分析を行っている。

本章では，第1に自営や勤め（雇用者）の女性と，無職および専業主婦の女性はジェンダー政策（女性活躍推進施策）について考え方に違いがあるか否か，第2に自営や勤め（雇用者）の女性は，働く上で持つ問題意識から無職および専業主婦の女性より政治参加を促しているか，という2つの仮説を設定し検証を行った。

2．先行研究

男女間で政治活動および政治的態度が異なることは知られてきたが，意外なことに例えば男女性別役割分業意識などが政治活動・政治的態度などに与える影響などの検証は従来十分には議論されてこなかった（前田（2007））。その中でも，日本でなぜ女性議員や女性の政治参加が少ないかについて検討・レビューを行っているものとして齋藤（2002）がある。齋藤（2002）によれば，女性議員数を増やす施策としては選挙制度（比例代表制）等の導入も1つの方法であるとし，男性に比べ低いとされる女性の政治関心を高めるために有効であるのは教育程度や労働市場の参加割合（を高めること）ではないかと指摘している。

本章の研究関心に近い前田（2007）では職業・家族といった個人属性に着目し，これらの検証を行っている。分析結果によれば，職業との関係で見ると自営の男女は政治参加が高く，最も政治参加が低いのは女性の無職である。また，女性については無職の女性と比べ正規雇用・自営であることが統計的に有

意に政治参加を促していることが明らかになっている。一方，女性の政治的関心が参加活動へつながらないのは性別役割分業の影響があるのではないか，という視点からも検証を行っており，就業形態や婚姻状況が一定の影響を与えていること，また加齢が女性の場合は政治活動につながらないことを検証した。また，その他の属性として労働時間や通勤時間が与える影響については確認できなかった。家族に着目すると，男女ともに既婚が政治活動に積極的であり，未婚は消極的である。子供については，長子年齢と社会的なかかわりを考慮した長子仮説が支持されている。ネットワークについて見ると，親族，職場，その他のうち，女性の場合は親族・職場ネットワークも男性に比べ有効に作用している。計量分析の結果のうち男女の違いに着目すると，子供の数の影響が男性の場合は大きく，通勤時間も男性のみ影響を与えていたことが示されている（前田（2007））。

　また，有権者の投票・政治活動に関する研究では，個人の持つ主観・価値観も分析時の変数として重視されている。平野（2007）は，本章と同じく男女共同参画に関する政策選好に着目し，市民の選好がどのような要因により形成されているかを検証している。分析結果によれば，ジェンダー不平等認識に関する男女の平均値の差は「家庭生活」「職場」「教育の場」「政治の場」「法律制度」「社会通念」すべての項目において男性のほうが女性よりも統計的に有意に高く（数値が低いほうが男性が優遇と認識している），男性のほうが不平等認識が低いことが示されている。また，いくつかの政策選好に関する男女比較では，家族支援政策および男女平等化推進に関する政策の賛否は女性のほうが賛成の度合いが強く，他方女性の社会進出に関する措置に関しては明確な男女差は見られなかった。また，価値観については男女差はほとんどないが，不平等認識については男女差が見られることを明らかにした。

　また，山田（2007）は政治参加の項目についてジェンダー・ギャップを検証している。その結果によれば，投票行動そのものについては大きな男女差はないものの，自治会・町内会活動，有力者と接触，政治家・官僚と接触，選挙や政治についての集会，市民運動・住民運動といった項目においてすべて男性の

ほうが女性よりも活発な活動を行っていることがわかっている。また政治的指向や個人では獲得しえない資源についてもジェンダー・ギャップがあるとの仮説をたて，それぞれ検証を行っている。その結果，女性は明らかに男性より政治的関心が低く，かつ政治過程の関与そのものに関心を持たないために結果として女性が阻害されている結果になっていると結論づけている。この点については，欧米の研究でも回避仮説と抑制仮説の2つを提示し，女性が基本的に政治に関心を持たないが故に投票・政治活動に参入しないとする回避仮説が有効との結論を得ている（Burns, Schlozman and Verba（2001））。

ジェンダー・ギャップの分析には特に着目していないものの，有権者の投票参加要因について分析したものには三宅・西澤（1997）がある。所得，教育程度，年齢，政治的有効性感覚，政党評価，地域との心理的距離といった個人属性要因および政治的動員，制度要因といった政治環境要因の双方が実際の投票行動に結びついているとして，その決定要因について分析が行われている。特に投票行動に影響を与える変数としては，政治経験の多い人，投票に対する義務感の強い人，地域への愛着が強い人，後援会のメンバーシップ等の要因が挙げられている。

また本章では着目していない論点であるが，クオータ制導入が女性議員数や投票行動にどのような影響を与えたかを検証したものに Bonomi, Brosio and Tommaso（2013）があり，クオータ制の導入（50％の女性割り当て）が女性議員数の増加には貢献したが，女性有権者の投票行動の増加にはつながらず，投票者については男性バイアスがかかっていることを指摘している。

このようにジェンダー・ギャップに着目した政治意識・投票行動の分析の蓄積がある中，本章では，前田（2007）同様に女性の個人属性に着目した分析を試みる。ただし，婚姻状況や子供の有無等については変数の制約もあり，主に職業属性に着目した分析を進めることとする。この観点から見た分析は思いのほか少なく，本章における新たな貢献であると考える。

3．分析期間における経済状況・政策・女性就業の現状

本節では，分析対象期間の経済状況や各政党の政策等を概観する。今回分析対象となる期間は 2008 年に起きたリーマンショック直後にあたる 2009 年の景気後退期から，2011 年の東日本大震災の起きた年にあたり，日本の経済状況も大きな変動があった時期である。表 1-1 は，分析期間の経済・雇用に関する指標の推移をまとめたものである。男女ともに就業率・完全失業率に大きな変化はないものの，雇用者に占める非正規従業員の割合は女性が 2009 年の 51.3％から 2011 年の 52.4％へ，男性が同じく 16.7％から 18.1％と微増傾向にあることがわかる。経済指標については，GDP の算定基準が 2010 年から変更になったことから単純な比較は難しいが，リーマンショック後の景気後退（2009 年）から一度持ち直したものの，東日本大震災（2011 年）で再び後退傾向にあることが読み取れる。

表 1-1　分析期間（2009-2011 年）の経済・雇用に関する指標の推移

	就業率		完全失業率		雇用者に占める非正規の職員・従業員の割合		実質GDP	名目GDP	消費者物価指数（総合）
	女性	男性	女性	男性	女性	男性			
2009	46.2	68.2	4.8	5.3	51.3	16.7	-2.2	-3.4	97.2
2010	46.3	67.7	4.6	5.4	51.8	17.2	3.2	1.4	96.5
2011	<46.2>	<67.6>	<4.2>	<4.9>	52.4	18.1	0.5	-1.1	96.3

（注）2011 年の < > 内の実数は，岩手県，宮城県及び福島県について補完推計値を用いて推計した値である。また，GDP は 2009 年が 2000 年基準，2010 年・2011 年が 2005 年基準となっており，単純に数値のみの比較はできない。
（出所）就業率，完全失業率，雇用者に占める非正規の職員・従業員の割合は総務省『労働力調査（基本集計）』，消費者物価指数は総務省『消費者物価指数・年平均総合（2015 年基準）』，実質 GDP・名目 GDP の値は内閣府『国民経済計算（GDP 統計）』より筆者作成。

また，このうち選挙が実施されたのは第 3 波の 2009 年（第 45 回衆院選）と第 6 波の 2010 年（第 22 回参院選）である。この両選挙の特徴をまとめたものが表 1-2 である。まず第 3 波は 2009 年衆院選選挙後の調査であり，この選挙

がどのような特徴を持っていたのかを確認する必要がある。この選挙では，「マニフェスト・政権選択」が争点となっており，民主党が前回選挙より議席数を大幅に増やし第一党となり，自民党から民主党に政権交代した大きな変化のあった選挙であった。この選挙の女性当選者数は 54 人，女性有権者投票率は 69.1％であり，前回選挙（第 44 回）の 43 人より女性当選者数は 11 人も増えた。また，わずかながら投票率も上がり，国民の関心の高さがうかがえた選挙である。

次いで，第 6 波は 2010 年参院選選挙後の調査である。この選挙では「景気・雇用・年金・介護・消費税引き上げ」が争点となっている。第一党は自民党となり，衆議院との「ねじれ」が生じた選挙であり，この選挙の女性当選者数は 17 人，女性有権者投票率は 57.5％である。しかし，いずれの選挙も女性立候補者割合（2009 年衆院選は 23.4％，2010 年参院選は 22.9％）に対し，実際の女性当選者割合は低くなっている（各 11.3％，14.0％）。

この点につき，川人（2007）による先行研究のまとめからは，女性の政治進出を阻む 3 つの要因があるとされている。第 1 に政党幹部が女性を差別的に扱い，候補者に女性を擁立したがらないという問題，第 2 に女性候補者の供給面での障害があるとする問題，第 3 に政治構造や政治制度が女性の政治進出に対して障害となっている問題である。ここでは小選挙区制は比例代表制よりも女性の立候補を促進しないことが指摘されている。また，「世界価値観調査」によれば日本は民主主義国としては唯一「男性は女性よりすぐれた政治指導者になる」という価値観を否定する者の割合が半数に達しておらず，個人の価値観に内在する政治におけるジェンダー平等の低さを指摘している。この観点からも，政治活動の分析においては個人属性だけでなく個人が持つ価値観にも着目して分析することの重要性がうかがえる。

このように，2009 年から 2011 年にかけては経済変動だけでなく政治においても大きな動きのあった 3 年であった。特に女性有権者のみがこの変化に反応し，投票率が上昇したわけではなく，男性有権者も同様に投票率は上昇傾向である[3]。一方，女性議員割合はわずかながらも両選挙において増加している。

第 1 章　女性の政治参加と政治意識　7

表 1-2　分析対象選挙の概要および争点

wave	選挙名	女性立候補者割合 （　）内は実数	女性当選者割合 （　）内は実数	女性有権者投票率 （　）内男性	政党別得票 （小選挙区）	内閣	争点	天気	特記事項
第3波	2009年 衆院選挙	23.4% (237)	11.3% (54)	69.1% (69.5%)	民主 (47.4%) 自民 (38.7%)	麻生	マニフェスト 政権選択	曇り のち雨	解散日から40 日後の投票日
第6波	2010年 参院選挙	22.9% (100)	14.0% (17)	57.5% (58.4%)	民主 (39.0%) 自民 (33.4%)	菅	景気・雇用・年金・介 護・消費税引き上げ	曇り のち雨	首相交代直後の 選挙

（注）立候補者割合・当選者割合は比例代表，小選挙区（選挙区）計の数字である。
（出所）総務省自治行政局選挙部，2009，『衆議院議員総選挙・最高裁判所裁判官国民審査結果調』，
　　　　総務省，2010，『第22回参議院議員通常選挙結果調』，総務省選挙部，2017，『目で見る投
　　　　票率』より筆者作成。

次節では，さまざまな属性を持つ女性有権者がどのような政治意識・参加行動をとっているかについてミクロデータを用い検証する。

4．使用データおよび仮説

使用するデータは第1波から第7波まで実施されている『変動期における投票行動の全国的・時系列的調査研究（以下 JES4 調査と表記）』の第3波，第6波，第7波[4]であり，このうち主に女性票を分析対象とする。なお，以後の分析は比較のために男性票の結果も併記する。

この調査は選挙における投票行動の実態を明らかにし，選挙制度の改変による変動，国際的・国内的な社会構造の変動，インターネット等新たなメディアの発展等による選挙のあり方自体の変化といった要請に応えることを基本目的として実施された全国時系列調査である（JES4 調査（2007-2011））。本分析においてこのうち三時点のみのデータを使用する理由は，今回着目する女性の政治意識やジェンダー関連の設問が備わっている調査データであるためである。

各データの概要は表1-3の通りであり，サンプルサイズは1,600-1,700である。調査方法は第3波・第6波は面接調査であることから回収率は7,8割と高く，第7波は自記式郵送調査のため5割強である。そのため，両調査の性質が異なっていることもあり，主に第3波，第6波のデータを使用する。また，各調査対象者は前回調査者に繰り返し尋ねるパネル調査である一方，脱落

サンプルを補充するための追加サンプルも多い。そのため，まずは一時点のクロスセクションデータとして取り扱うこととし，その後内生性への対処や頑健性を確かめるための方法として，第3波，第6波のデータをパネル化し追加的な検証を行う。

表1-3　分析対象調査の概要[5]

wave		調査名	サンプルサイズ	回収率	調査方法
第3波	2009年	衆院選選挙後・全国有権者調査	1,684	76.3%	面接調査
第6波	2010年	参院選選挙後・全国有権者調査	1,707	82.2%	面接調査
第7波	2011年	政治意識に関する全国有権者調査	1,658	55.3%	自記式郵送調査

（出所）JES4研究会，2007-2011，『JES4調査』。

ここで，実際の投票行動についてデータの特徴を確認したい。先述のとおり，本調査は衆院・参院選挙後等に実施された意識調査であるため，実際の全国平均でみた投票率よりもかなり高い数値となっていることに注意されたい。表1-4のとおり第3波，第6波調査対象者の投票率は9割近い割合となっており，女性の個人属性別に見た投票の有無を分析することは難しいことがわかった。そこで，ジェンダー観や政治意識が政治活動にどのように結びついているかを主に検証していくこととする。

表1-4　調査別にみた投票率と全国投票率との比較（男女別）

wave	選挙名	全国女性有権者投票率 （　）内男性	wave3及びwave6 女性有権者投票率 （　）内男性
第3波	2009年衆院選選挙	69.1%（69.5%）	93.3%（95.0%）
第6波	2010年参院選選挙	57.5%（58.4%）	87.5%（92.7%）

（出所）JES4研究会，2007-2011，『JES4調査』。

JES4調査では，調査対象者の大まかな職業を把握することができる。そこで，個人属性の中でも職業属性に着目し，以下の仮説を設定した上で分析を進める。その他，婚姻の状況や子供の有無といった変数も女性の属性を表す上で

重要な情報であるが,「家計維持者か否か」といった設問はあるものの,本調査ではこれらの項目について直接尋ねた項目はない。そのため本章では主に職業・年齢といった個人属性に着目する。個人属性の中でも職業属性の影響は大きいと考えられる[6]。働く女性と専業主婦や高齢女性では生活パターンも大きく異なり,男性よりもより多様性のある行動をとっていると考えられる。職業属性別に見た政治意識・行動を知ることにより,それぞれの女性の政治参画に関するアプローチの示唆を得ることもできよう。設定した仮説は以下のとおりである。

仮説1：自営や勤め（雇用者）の女性と,無職および専業主婦の女性はジェンダー政策（女性活躍推進施策）について考え方に違いがある。

仮説2：自営や勤め（雇用者）の女性は,働く上で持つ問題意識から無職および専業主婦の女性より政治参加が多い。

この仮説について,ジェンダー観に関する設問の回答傾向にも着目しつつ次節以降にて分析を進める。

5．記述分析

本節では,JES4調査を用いて職業属性の特徴やジェンダー観に関する設問の回答に関する特徴について,記述分析を通し検証する。

表1-5は,職業属性に関する構成比を男女別・wave別に見たものである。男性は「勤め」が5割弱,女性は4割弱である。「自営」は男性は比率が高く2割弱,女性は1割弱である。その他,「専業主婦」は女性で4割弱を占め,「無職」は男性で3割,女性で1割強である。つまり,女性については「勤め」,「専業主婦」がそれぞれ4割弱存在し,最も多い職業属性であることがわかる。なお,「無職」はもともと雇用者等であった者が定年を迎えたあとの職業区分であり,主に高齢者である。

まず確認するのは,仮説1に関する職業属性別に見た政治意識の違いである。着目するのは投票者のジェンダー観に関する設問である。本調査において

表1-5　職業属性に関する割合（男女別・wave別）

	男性			女性		
	wave3	wave6	wave7	wave3	wave6	wave7
勤め	46.5	49.1	47.9	34.2	40.5	37.6
自営	20.9	18.9	16.6	7.4	7.2	5.6
家族従業	0.5	0.6	1.1	3.2	3.8	3.6
学生	0.4	0.7	1.6	0.4	0.2	1.5
専業主婦	0.0	0.0	0.0	40.7	37.4	38.0
無職	31.6	30.5	31.3	14.1	10.8	11.7
その他	0.0	0.0	0.6	0.0	0.1	1.4
無回答	0.1	0.2	0.9	0.0	0.0	0.5
計	100.0	100.0	100.0	100.0	100.0	100.0

（出所）JES4研究会，2007-2011，『JES4調査』。

　ジェンダー観を尋ねた設問は限られているが，今後女性活躍を推進するために注目すべき設問として「より高い地位やよい職業につく女性を増やすため，政府は特別な制度を設けるべきだ」がある。設問の内容から，クオータ制などの指導的女性を増やすための割当制度に関する支持を問う質問であると考えられる。現在，指導的地位につく女性を増やそうと政府も取り組みを行っており（「202030」：社会のあらゆる分野において2020年までに指導的位置に女性が占める割合を少なくとも30％程度とする目標（内閣府）），この設問の回答結果は大変興味深いものである[7]。

　着目する設問は「賛成」を5，「反対」を1とする5段階の回答項目[8]となっており，個人属性別に分けた上記設問の平均値を示す（表1-6-1，1-6-2）。表1-6-1は，指導的地位につく女性支援に関する政策に対する考えについて職業属性別に見た平均値の比較である。おおむね女性のほうが男性よりも平均値が高い傾向が見られる。t検定では，第6波（女性3.38，男性3.21）とwave7（女性3.25，男性3.00）において，「勤め」の男女について平均値に統計的に有意な差が確認された。女性に着目すると，平均値が高い職業は「勤め」「学生」[9]であり，おおむね3.3以上の値を示しており「自営」「専業主婦」に比べこれらの職業では同政策の支持割合が高いことがわかる。さらに直近のwave7では「無職」が3.29と高い値を示している。これに対し男性は「勤め」「家族

従業」「無職」が3.0を超える平均値を示しており，自営業の男性に比べこれらの属性の男性のほうが同政策を支持する者の割合が高いことがわかる。

表1-6-1　指導的地位につく女性支援に関する政策に対する考え
（職業属性別・wave別）

	wave3				wave6					wave7				
	男性		女性		男性		女性			男性		女性		
	Obs	Mean	Obs	Mean	Obs	Mean	Obs	Mean	t検定	Obs	Mean	Obs	Mean	t検定
勤め	352	3.25	286	3.29	391	3.21	350	3.38	**	381	3.00	315	3.25	***
自営	153	3.22	59	3.19	150	2.98	56	3.14		130	2.97	48	3.19	
家族従業	4	3.50	27	3.48	5	3.00	30	3.07		7	3.14	30	3.13	
学生	3	3.00	4	2.75	6	2.67	2	4.00		13	3.00	13	3.62	
専業主婦	0	0.00	324	3.22	0	0.00	309	3.33		0	0.00	312	3.20	
無職	228	3.17	91	3.20	231	3.22	82	3.30		244	3.17	98	3.29	

（注）***1%水準で有意，**5%水準で有意，*10%水準で有意．
（出所）JES4研究会，2007-2011，『JES4調査』．

さらに，表1-6-1の回答について雇用者・自営・家族従業のサンプルに限定し，就業形態別に見たものが表1-6-2である。雇用者の就業形態については第7波のみ設問があるため，同波のみの結果を示す。女性は「正社員」「契約・派遣」において同政策の支持割合が3.3程度と高い。雇用者の中でも比較的安定的な雇用の女性からの支持が高いと考えられる。ここでもt検定を行うと，「正社員」の男女について平均値（女性3.28，男性2.97）となり統計的に有意な差が確認された。一方男性は「契約・派遣」「パート・アルバイト」といった非正規雇用者において支持割合が3.1程度と高い。男女ともに「自営」

表1-6-2　指導的地位につく女性支援に関する政策に対する考え2
（雇用者の就業形態別・wave7）

	男性		女性		
	Obs	Mean	Obs	Mean	t検定
自営又は家族従業	129	2.96	72	3.15	
正社員	279	2.97	132	3.28	***
契約・派遣	48	3.13	48	3.29	
パート・アルバイト	41	3.12	126	3.20	
無回答	21	2.95	15	3.26	

（注）***1%水準で有意，**5%水準で有意，*10%水準で有意．
（出所）JES4研究会，2007-2011，『JES4調査』．

の支持割合は低くなっている。

　ここまでは男女間のジェンダー政策に関する考え方の平均値の比較であるが，最後に働く女性（勤め・自営）と専業主婦・無業女性の平均値の違いも確認しておこう。第3波については働く女性（勤め・自営）の女性の値（それぞれ3.28，3.21）であり，検定の結果両グループの間に統計的に有意な差はなかった。第6波についても平均値はそれぞれ3.35，3.32であり同じく差は確認されなかった。

　次節ではこれら記述分析の結果をふまえつつ，女性の政治参加に関する推計を行い実証分析を行う。

6．分析モデルと政治参加に関する要因の推計

6-1　政治参加に関する設問と記述分析

　本節では，仮説2「自営や勤め（雇用者）の女性と無職および専業主婦の政治意識・行動の違い」について検証を行う。

　今回着目する政治参加に関する設問は表1-7のとおり14項目にわたっている[10]。そのため，それぞれの設問に「はい」と回答したものを1点とし，14項目すべてを足し上げ型の尺度として使用する（最大値は14点）。設問は過去5年間の活動について尋ねており，選挙投票だけでなく自治会・町内会や市民・住民運動，カンパ，陳情，意見表明，デモ参加など多様な政治参加に関する項目構成となっている。なお，本設問は第3波・第6波のみにあるため，両調査を分析対象とする。

　ここでは，山田（2007）同様にそれぞれの政治参加がどの程度行われ，またジェンダー・ギャップが存在するのかを確認しよう。図1-1は，それぞれの政治参加項目に関する参加度の男女比較である。第3波，第6波ともに似た傾向にあるが，選挙投票行動（10割弱），自治会・町内会活動（4割弱）のほかは男女ともにおおむね政治活動を行っている割合は2割以下である。その中でも，男女で違いが見られる項目は政府有力者，政治家・官僚との接触や政治集

表1-7　政治参加に関する設問（第3波および第6波）

政治参加尺度（最大14点）	
①選挙で投票した	⑩献金やカンパをした
②自治会や町内会で活動した	⑪デモに参加した
③必要があって地元の有力者と接触した	⑫インターネットを通して意見を表明した
④必要があって政治家や官僚と接触した	⑬マスコミに連絡・投書・出演などをして意見を表明した
⑤議会や役所に請願や陳情に行った	
⑥選挙や政治に関する集会に出席した	⑭環境保護的，政治的，倫理的な理由である商品を買うのを拒否したり，意図的に買ったりした
⑦選挙運動を手伝った	
⑧市民運動や住民運動に参加した	
⑨請願書に署名した	

（出所）JES4研究会，2007-2011，『JES4調査』。

会参加は男性のほうが女性よりも回答割合が高く，請願書署名や献金・カンパといった行動は女性のほうが男性よりも回答割合が高くなっている。男性は対人関係も含めた実際的な折衝活動，女性は間接的ながらも金銭支援等の活動を行っているととらえることができる。

図1-1　政治参加に関する男女比較（左：第3波，右：第6波）

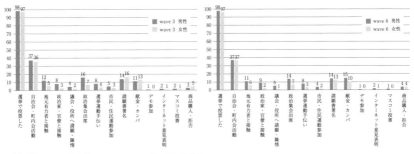

（出所）JES4研究会，2007-2011，『JES4調査』。

なお，図には示していないが女性の職業の有無により政治行動の違いがあるかどうかも確認する。有業者（勤め・自営）の女性のほうが無業者（専業主婦・無業）よりも活動ありと回答した割合が高く，検定上有意な差が確認された項目は第3波の「政治集会出席」「請願書署名」であった。同選挙は2009年の政権交代の衆院選であり，投票率も高く，国民の関心が高い選挙であった。この

ような選挙の場合には，働く女性も（全体に占める参加割合は低いものの）実際に政治参加行動をとっていることがわかる。逆に専業主婦・無業者のほうが回答割合が高かった活動は第6波の「市民・住民運動参加」であった。地域のコミュニティに根づく活動へのアクセスのしやすさがうかがえる。また，選挙によって女性の政治参加の度合や活動内容も異なっていることがわかる。

次いで表1-8において，政治参加尺度スコアを男女別・年代別に確認する。まず，男女で見ると男性のほうが女性よりもおおむね政治参加スコアが高い傾向にある。t検定の結果，男女間で統計的に有意な差があったのは第3波で自営（男性2.73，女性2.18）および無職（男性2.09，女性1.39），第6波で勤め（男性2.05，女性1.77），自営（男性2.78，女性1.97）および無職（男性2.22，女性1.58）であった。自営および無職の男女間で，政治活動参加に大きな差があることがうかがえる。

表1-8 政治参加尺度スコアの比較（男女別・年代別・第3波および第6波）

	wave3					wave6				
	男性		女性			男性		女性		
	Obs	Mean	Obs	Mean	t検定	Obs	Mean	Obs	Mean	t検定
勤め	360	2.07	311	1.97		401	2.05	360	1.77	***
自営	162	2.73	67	2.18	*	154	2.78	64	1.97	***
家族従業	4	1.50	29	2.72		5	1.80	34	2.03	
学生	3	1.33	4	0.75		6	1.33	2	0.50	
専業主婦	0	0.00	370	1.95		0	0.00	333	1.93	
無職	245	2.09	128	1.39	***	249	2.22	96	1.58	***

（注）***1%水準で有意，**5%水準で有意，*10%水準で有意。
（出所）JES4研究会，2007-2011，『JES4調査』。

また表には示していないが，年代が高くなるほど男女間の政治参加に関する数値の差が広がっていた。これらは前田（2007）の先行研究と同様の結果である。女性に着目すると，中高年女性の政治参加スコアが他の年代に比べやや高い。第3波では50-59歳代が最も政治参加が高く2.36，第6波では40-49歳代が最も高く2.11となっている。30歳代以下の若年層および70歳代以降は

大幅にスコアが低下している。仕事や結婚・育児期等で多忙な若年層と引退年齢を過ぎた高齢層は政治参加行動が少ないことがわかる。男性について見ると，年代が高くなるほど政治参加が高くなり，最も高いのは雇用者としての定年を迎えた後の60-69歳代である。ただし男性も，女性同様に70歳代以降の政治参加スコアは低下している。

6-2 政治参加に関する規定要因の推計

表1-8の結果をふまえた上で，さらに計量的分析により個人の政治参加の規定要因を分析する。被説明変数は表1-8の「政治参加尺度」を用いる。14項目を足し上げた数値のため，OLSによる推計と順序プロビットモデルによる推計を併用する。用いる説明変数は表1-9のとおりである。

最も着目したい変数は，職業属性による政治参加・行動の違いであるので職業ダミーの係数および符号である。その他着目したい説明変数は「価値観（女性の指導的地位施策要）」であり，同政策を支持する者ほど政治参加活動が活発であると考えられるため，予想される結果の符号は「＋」である。また，現在の政治に対する評価や政権選択の意思といった個人の主観にも着目し，説明変数に加えた。「政権選択の意思」は第3波にあり，政権選択の意識が高いほど政治活動を行うと考えられるため「＋」，「2009年選挙の政権交代の結果の評価」は第6波にあり，政権交代を評価した者ほど2010年参院選選挙に投票すると考えられるため「＋」とそれぞれ符号を予想する。また，「政治制度の評価の高低」（第3波，第6波ともにあり）も政治参加に影響を与えると考え説明変数に加えた。さらに年齢，教育程度（学歴），職業，家計維持者か否か，世帯年収[11]，持家有無，といった個人属性を考慮するためにモデルに加えた。また，「わからない」「答えない」の合計が3割程度を占めていることから，サンプルの脱落を防ぐためにカテゴリカルデータとして使用し，それぞれダミー変数として加えた。また，コントロール変数として地域（都道府県）を加えている。

表1-9 使用する説明変数と概要

	説明変数の概要
価値観（女性の指導的地位施策要）	「賛成」5,「どちらかといえば賛成」4,「どちらともいえない」3,「どちらかといえば反対」2,「反対」1
年齢ダミー	20-29歳, 30-39歳, 40-49歳, 50-59歳, 60-69歳, 70歳以上
教育程度ダミー	小中卒, 高卒, 短大・専門・高専卒, 大学・大学院卒
職業ダミー	勤め, 自営, 家族従業, 学生, 専業主婦, 無職
家計維持者か否かダミー	はい, いいえ
世帯年収ダミー	200万円未満, 200-300万円未満, 300-400万円未満, 400-500万円未満, 500-600万円未満, 600-700万円未満, 700-800万円未満, 800-1000万円未満, 1000-1200万円未満, 1200-1400万円未満, 1400-2000万円未満, 2000万円以上, わからない, 答えない
持家の有無ダミー	持家（一戸建て）及び分譲マンションありを「有」その他を「無」
政権選択の意識ダミー（wave3）	「今回の選挙で「政権を選ぶ」ということを意識しましたか」に対し「強く意識した」「やや意識した」を1, その他を0とした
2009年選挙の政権交代の結果の評価ダミー（wave6）	「2009年総選挙による政権交代の結果, 日本の政治が良くなったと思いますか」に対し「とても良くなった」「ある程度良くなった」を1, その他を0とした
政治制度の評価	「現在のわが国の政治制度をどう評価しますか」に対し「非常に良い」を10,「非常に悪い」を1とする10段階評価
都道府県ダミー	コントロール変数として都道府県を加えた

（出所）JES4研究会, 2007-2011, 『JES4調査』。

　推計結果は付表1-2-1（第3波）および付表1-2-2（第6波）のとおりである。双方ともに着目するのは「価値観（女性の指導的地位施策要）」であり, 結果の符号を「+」と予想したが, 第3波の男女および第6波の男性は符号が「+」であったものの第6波の女性は「-」となり, 一部予想に反する結果となった。また, 同設問の係数は小さく, かつ統計的にも有意な結果ではなかった。

　ついで, 現在の政治に対する評価や政権選択の意思といった個人の主観の効果にも着目する。第3波の「政権選択の意思」は, 政権選択の意識が高いほど政治活動を行うと考えられるため「+」と予想した。結果は男女ともに政権選

択を「意識した」と回答した者は，その他の者に比べて統計的に有意に政治活動を行っていた。特にその効果は男性で大きく見られた。また記述統計量（付表1-1）からわかるとおり，2009年衆院選時の「政権交代の意識」は男女ともに7割程度と大変高くなっており，政権交代への期待が政治活動につながっていることが示された。第6波の「2009年選挙の政権交代の結果の評価」についても，政権交代を評価した者ほど2010年参院選選挙に投票すると考えられるため「＋」と予想した。推計結果は，女性については2009年選挙の政権交代を評価している者ほど，その他の者に比べて政治活動をより行っていた。ただし，男性についてはその効果は確認されなかった。

さらに，もう1つ主観的変数として加えた「政治制度の評価の高低」（第3波，第6波ともにあり）の効果を確認する。第3波の男性において，政治制度を評価する者ほど政治活動を行っていることが確認されたが，係数は小さな値であった。また，第3波の女性および第6波の男女においてはその効果は見られなかった。

その他，個人属性の効果に着目すると，第3波では職業による差は確認されなかったが，第6波では専業主婦が勤めている者よりも政治活動を増加させていた。女性の場合，年齢が上がると政治活動がより盛んになるが第3波では60歳代，第6波では70歳代を超えると再び低下した。また，学歴が高いほど政治活動を行っており，世帯年収は2000万円を超えると，大きく政治活動を増やしていた。男性については，女性との違いは自営であることが勤めよりも大きく政治活動を増やすこと，学歴による政治活動の差が女性よりも小さいことが示された。

また，第3波と第6波において，特に主観的変数の効果が異なっていた。両選挙に対する有権者の期待度の差等によるせいか，2009年衆院選では効果があった変数が2010年参院選では効果がなかったりと，安定しない結果となった。また，最も着目する「価値観（女性の指導的地位施策要）」は，男女ともに政治活動に結びついているとは言えないという分析結果となった。

なお，職業属性と年齢の関係を見るために，職業と年齢の交差項をそれぞれ

作成し，分析モデルに投入し推計を行ったが，いずれも符号は負（年齢が高くなるほど政治参加が低下）となったものの，統計的に有意な結論は得られなかった。

6-3 パネルデータによる追加的検証

先述したように，本データは同一人物に繰り返し質問を行うパネルデータであるものの，脱落および補充が多いという難点がある。しかし，6-2で行った推計では因果の方向を特定できず，就業形態が政治意識・行動に影響を与えているのかについて変数間の内生性の可能性が除去できていない。そこで，本節では追加的な検証として第3波，第6波の両調査に回答したサンプルを抽出し，パネルデータとして扱うことでさらなる検証を試みる。

第3波，第6波のデータをパネル化し，使用変数に欠損のないサンプルは1,157であった。サンプルを限定したことにより，わずかながらも若年層，小中卒，高卒といった属性を持つサンプル比率の低下（脱落）が確認されたため解釈には注意が必要である。使用する説明変数は表1-9とほぼ同様であるが，世帯収入については収入五分位階級を作成し，該当するカテゴリーごとにサンプルを統合した。また，「政権選択の意識」「2009年選挙の政権交代の結果の評価」についてはそれぞれ第3波，第6波のみで使用している設問であるため分析モデルから省いた。

推計結果は表1-10のとおりであり，プーリング回帰モデル，固定効果モデル，変量効果モデルの3つの推計結果を示した。3つの検定の結果，固定効果が支持されたため固定効果の結果を示したModel1に着目する。まず，注目した職業属性については統計的に有意な値はなく，職業属性の違いによって政治参加が異なるとは言えない結果となった。したがって仮説2は否定され，2009年，2010年選挙時の行動に限定すると，働く女性ほど政治参加行動が多いとは言えないと結論づけられる。また，ジェンダー政策に関する支持も，実際の政治参加には統計的に有意な値は得られず，実際の政治参加を促すとは言えないことがわかった。これらの結果を付表1-2-1，付表1-2-2の結果と比較すると，ジェンダー政策の効果については確認できなかった点は整合的であり，

職業属性についてはクロスセクションデータにおいては一部の職業で政治参加の係数が統計的に有意な結果を得たものの，観察されない個体差を考慮すると，職業属性やジェンダー政策の違いが政治参加につながるとは言えない結果となった。

表1-10 政治参加尺度に関する推計（女性票・パネル）

Panel	Model1			Model2			Model3		
	Coef.	Std. Err.	t	Coef.	Std. Err.	t	Coef.	Std. Err.	t
職業＜勤め＞									
自営	0.109	0.351	0.31	0.179	0.164	1.09	0.111	0.153	0.73
家族従業	-0.116	0.397	-0.29	0.264	0.216	1.22	0.418 **	0.209	2.00
学生	-0.188	1.261	-0.15	-0.726	1.088	-0.67	-1.450	1.240	-1.17
専業主婦	-0.102	0.196	-0.52	0.101	0.102	1	0.142	0.095	1.50
無職	0.083	0.260	0.32	-0.054	0.152	-0.35	-0.087	0.146	-0.60
価値観（指導的地位の女性増加施策要）	-0.036	0.047	-0.76	-0.045	0.035	-1.29	-0.047	0.037	-1.28
年齢＜20-29＞									
30-39	-0.542	0.572	-0.95	0.101	0.235	0.43	0.118	0.211	0.56
40-49	-0.766	0.747	-1.03	0.617 ***	0.231	2.67	0.654 ***	0.203	3.23
50-59	-1.411	0.880	-1.60	0.666 ***	0.226	2.94	0.722 ***	0.199	3.64
60-69	-1.650 *	0.958	-1.72	0.685 ***	0.233	2.95	0.742 ***	0.207	3.59
70-	-3.488 ***	1.087	-3.21	0.357	0.248	1.44	0.482 **	0.221	2.18
教育程度＜小中卒＞									
高卒	-0.339	0.249	-1.36	0.211	0.129	1.63	0.334 ***	0.123	2.72
短大専門高専	-0.593 **	0.299	-1.98	0.225	0.150	1.5	0.384 ***	0.142	2.72
大学・大学院	-0.491	0.539	-0.91	0.621 ***	0.188	3.31	0.733 ***	0.169	4.33
家計維持者＜はい＞									
いいえ	0.152	0.186	0.82	-0.051	0.110	-0.46	-0.148	0.108	-1.37
世帯年収＜300万円未満＞									
300万円-400万円未満	0.009	0.196	0.05	0.073	0.139	0.53	0.096	0.145	0.66
400万円-600万円未満	0.102	0.215	0.47	0.286 **	0.139	2.06	0.344 **	0.138	2.49
600万円-800万円未満	0.048	0.233	0.21	0.326 **	0.154	2.12	0.390 **	0.156	2.51
800万円以上	0.023	0.263	0.09	0.345 **	0.157	2.19	0.419 ***	0.151	2.77
わからない	-0.296	0.219	-1.35	-0.127	0.133	-0.95	-0.090	0.130	-0.69
無回答	-0.234	0.205	-1.14	-0.069	0.137	-0.5	-0.036	0.141	-0.25
持家有無＜あり＞									
なし	0.032	0.397	0.08	0.347 ***	0.130	2.67	0.366 ***	0.114	3.21
定数項	4.035 ***	0.906	4.45	0.949 ***	0.306	3.1	0.801 ***	0.285	2.81
	固定効果モデル			変量効果モデル			プーリング回帰モデル		
Number of obs	1,157			1,157			1,157		
個体数	629			629					
Adj R-squared	0.134			0.1063			0.0916		
F				2.72***					
BP				122.26***					
Hausman				39.92**					

（注）***1%水準で有意，**5%水準で有意，*10%水準で有意。
（出所）JES4研究会，2007-2011，『JES4調査』。

7．まとめ・考察

　本分析では，日本の女性の政治意識と投票行動について女性の属性別に分析を試みた。特に仮説を2つ設定し，第1に職業属性によりジェンダー政策（女性活躍推進施策）について考え方に違いがあるのか，第2に自営や勤め（雇用者）の女性が無職および専業主婦の女性より政治参加が多いかという点について分析を行った。

　第1の仮説については，ジェンダー政策（女性活躍推進施策）への賛同度合いは働く女性（勤め・自営）と専業主婦・無業女性の間で差は見られなかった。第2の仮説である政治参加・行動の違いについては，職業属性やジェンダー政策の違いが政治参加につながるとは言えない結果となった。なぜ働く女性と仕事を持たない女性の間で政治参加に違いが出なかったのかについては，社会参加のネットワーク・アクセス方法が両グループで異なることが考えられる。具体的に考えられる解釈としては2点ある。第1に専業主婦は地域の社会的ネットワークや子供の学校の活動等を通じ，政治参加を行っているという可能性である。第2に，勤めている女性は特にフルタイム勤務において時間の余裕や融通性が十分ではなく，機会費用も高いため政治参加を行うゆとりが持てないという可能性も考えられる。

　本章の分析結果からは，女性議員数のみならず女性有権者の政治参加そのものも男性に比べ低く，かつ政治活動の内容も投票行動のほかには周縁的な活動にとどまっていることが示された。また，働く女性は機会費用の高さのためか，政治参加の度合いは職業を持たない女性と比べても必ずしも活発ではないことも示された。働く女性の中でも自営の女性は自治会への参加，専業主婦は例えば子供のPTA活動を通じた政治参加など，職業属性により政治参加に至る行動パターンが異なることも考えられる。さらに，ジェンダー政策に関する支持は女性の政治参加に結びついていなかったことに注目したい。本設問がクオータ制度などの割当制度に関する支持に関する設問と近い内容であることか

ら，同政策に関する支持の有無を拾っており，実際の政治参加行動とは異なる可能性も示唆される。

　それでは，どのような施策が女性の政治参加を促すのか，やや踏み込んだ解釈と政策的含意を考えてみたい。職業属性については，働く女性が政治参加を行っているという結果は得られなかった。職業属性により，政治参加を促す方法は異なる可能性がある。仕事を持たない女性については周縁的な活動のみならず，集会参加や陳情活動などより積極的な政治参加のあり方も考えていくことができるだろう。仕事を持つ女性については，まず機会費用の高さから政治参加が難しい現状を鑑み，時間等の負担をかけない形での政治参加のあり方を検討することが必要だろう。これらの活動が広まることにより，女性自身の政治参加から議員数への増加と，時間がかかるもののつながっていくことが考えられる。また，賛否両論があるものの大きなジェンダー・ギャップ解消の1つの方法として，日本においてもクオータ制の導入可能性の検討もなされてもよいだろう。

　今後の課題としては，分析手法の精緻化が挙げられる。本分析は，データを一時点のクロスセクションデータとして用いていることから，変数間の内生性が懸念されるため二時点のデータをパネル化し追加的な検証を行った。さらに期間を伸ばした検証も求められよう。また，経済指標について今回分析モデルに組み込むことができなかった。両選挙時の経済情勢などを的確に示す代理変数として，経済指標などをモデルに組み込んでもよかったかもしれない。これらの点は，今後筆者に課せられたさらなる研究課題としたい。

付表1-1 記述統計量

	女性									男性								
	wave3			wave6			wave7			wave3			wave6			wave7		
	Obs	Mean	Std.	Obs	Mean	Std.	Obs	Mean	Std.	Obs	Mean	Std.	Obs	Mean	Std.	Obs	Mean	Std.
価値観（指導的地位の女性増加施策要）	791	3.247	1.033	830	3.330	0.951	832	3.233	0.835	741	3.219	1.095	785	3.166	0.991	787	3.057	0.949
年齢 <20-29>	909	0.053	0.224	890	0.078	0.268	852	0.093	0.290	775	0.045	0.208	817	0.072	0.259	806	0.084	0.278
30-39	909	0.108	0.310	890	0.138	0.345	852	0.155	0.362	775	0.114	0.317	817	0.125	0.331	806	0.129	0.335
40-49	909	0.149	0.356	890	0.175	0.380	852	0.160	0.366	775	0.139	0.347	817	0.131	0.338	806	0.128	0.334
50-59	909	0.211	0.408	890	0.194	0.396	852	0.187	0.390	775	0.183	0.387	817	0.180	0.384	806	0.149	0.356
60-69	909	0.253	0.435	890	0.217	0.412	852	0.208	0.406	775	0.275	0.447	817	0.259	0.439	806	0.254	0.436
70-	909	0.227	0.419	890	0.198	0.399	852	0.198	0.399	775	0.244	0.430	817	0.233	0.423	806	0.256	0.436
教育程度 <小中卒>	901	0.164	0.371	882	0.127	0.333	841	0.095	0.294	769	0.172	0.377	804	0.129	0.336	796	0.126	0.332
高卒	901	0.482	0.500	882	0.451	0.498	841	0.454	0.498	769	0.416	0.493	804	0.445	0.497	796	0.435	0.496
短大専門高専	901	0.254	0.436	882	0.297	0.457	841	0.291	0.455	769	0.120	0.325	804	0.112	0.315	796	0.103	0.304
大学・大学院	901	0.100	0.300	882	0.125	0.331	841	0.159	0.366	769	0.293	0.455	804	0.313	0.464	796	0.337	0.473
職業 <勤め>	909	0.342	0.475	890	0.404	0.491	836	0.383	0.486	774	0.465	0.499	815	0.492	0.500	794	0.486	0.500
自営	909	0.074	0.261	890	0.072	0.258	836	0.057	0.233	774	0.209	0.407	815	0.189	0.392	794	0.169	0.375
家族従業	909	0.032	0.176	890	0.038	0.192	836	0.037	0.189	774	0.005	0.072	815	0.006	0.078	794	0.011	0.106
学生	909	0.004	0.066	890	0.002	0.047	836	0.016	0.124	774	0.004	0.062	815	0.007	0.086	794	0.016	0.127
専業主婦	909	0.407	0.492	890	0.374	0.484	836	0.388	0.487	774	0.000	0.000	815	0.000	0.000	794	0.000	0.000
無職	909	0.141	0.348	890	0.108	0.310	836	0.120	0.325	774	0.317	0.465	815	0.306	0.461	794	0.317	0.466
家計維持者 <はい>	909	0.176	0.381	890	0.213	0.410	829	0.200	0.400	775	0.876	0.330	815	0.859	0.350	780	0.812	0.391
いいえ	907	0.824	0.381	890	0.787	0.410	829	0.800	0.400	775	0.124	0.330	815	0.141	0.348	780	0.188	0.391
世帯年収 <200万円未満>	909	0.075	0.263	890	0.075	0.264	852	0.112	0.315	775	0.070	0.255	817	0.058	0.233	806	0.099	0.299
200万円-300万円未満	909	0.116	0.320	890	0.108	0.310	852	0.124	0.330	775	0.125	0.331	817	0.121	0.327	806	0.138	0.345
300万円-400万円未満	909	0.094	0.291	890	0.112	0.316	852	0.183	0.387	775	0.145	0.352	817	0.159	0.366	806	0.159	0.366
400万円-500万円未満	909	0.078	0.268	890	0.085	0.280	852	0.117	0.322	775	0.072	0.259	817	0.088	0.284	806	0.150	0.357
500万円-600万円未満	909	0.051	0.219	890	0.067	0.251	852	0.095	0.293	775	0.074	0.261	817	0.087	0.282	806	0.099	0.299
600万円-700万円未満	909	0.047	0.212	890	0.047	0.212	852	0.074	0.262	775	0.054	0.227	817	0.064	0.244	806	0.081	0.272
700万円-800万円未満	909	0.045	0.208	890	0.046	0.210	852	0.061	0.240	775	0.052	0.221	817	0.047	0.211	806	0.063	0.244
800万円-1000万円未満	909	0.050	0.217	890	0.051	0.219	852	0.090	0.287	775	0.070	0.255	817	0.073	0.261	806	0.089	0.285
1000万円-1200万円未満	909	0.036	0.187	890	0.038	0.192	852	0.053	0.224	775	0.041	0.199	817	0.031	0.172	806	0.051	0.220
1200万円-1400万円未満	909	0.012	0.109	890	0.012	0.111	852	0.023	0.151	775	0.010	0.101	817	0.011	0.104	806	0.014	0.116
1400万円-2000万円未満	909	0.010	0.099	890	0.013	0.115	852	0.016	0.127	775	0.013	0.113	817	0.012	0.110	806	0.017	0.131
2000万円以上	909	0.006	0.074	890	0.002	0.047	852	0.005	0.068	775	0.006	0.080	817	0.007	0.085	806	0.010	0.099
わからない	909	0.213	0.410	890	0.225	0.418				775	0.120	0.325	817	0.122	0.328			
無回答	909	0.168	0.374	890	0.117	0.321	852	0.046	0.209	775	0.148	0.356	817	0.120	0.325	806	0.030	0.170
持家有無 <あり>	909	0.849	0.358	890	0.169	0.375				775	0.853	0.354	817	0.184	0.387			
なし	909	0.151	0.358	890	0.831	0.375				775	0.147	0.354	817	0.816	0.387			
政権選択の意識 <その他>	909	0.246	0.431	890	0.840	0.366				775	0.200	0.400	817	0.775	0.418			
意識した	909	0.679	0.467	890	0.160	0.366				775	0.715	0.452	817	0.225	0.418			
無回答	909	0.075	0.263	890	0.029	0.168				775	0.085	0.279	817	0.020	0.139			
政治制度の評価	846	4.969	1.489	857	4.853	1.472				757	5.177	1.728	805	5.173	1.683			

付表 1-2-1　政治参加尺度に関する推計（男女別・第3波）

wave3	女性									男性								
	Coef.		Std. Err.	t	Coef.		Std. Err.	t		Coef.		Std. Err.	t	Coef.		Std. Err.	t	
職業＜勤め＞																		
自営	0.258		0.210	1.2	0.132		0.171	0.8		0.602	***	0.182	3.3	0.366	***	0.118	3.1	
家族従業	0.566	*	0.278	2.0	0.317		0.227	1.4		-0.160		0.850	-0.2	0.001		0.575	0.0	
学生	-0.692		0.701	-1.0	-1.180	*	0.633	-1.9		0.291		1.014	0.3	0.421		0.714	0.6	
専業主婦	0.064		0.128	0.5	0.122		0.105	1.2										
無職	-0.241		0.202	-1.2	-0.223		0.169	-1.3		0.068		0.210	0.3	-0.018		0.138	-0.1	
価値観（指導的地位の女性増加施策要）	0.017		0.049	0.4	0.033		0.040	0.8		0.006		0.058	0.1	0.004		0.038	0.1	
年齢＜20-29＞																		
30-39	0.200		0.263	0.8	0.296		0.229	1.3		0.135		0.370	0.4	0.261		0.262	1.0	
40-49	0.745	***	0.259	2.9	0.860	***	0.225	3.8		0.382		0.382	1.0	0.444	*	0.268	1.7	
50-59	0.994	***	0.256	3.9	1.002	***	0.223	4.5		0.484		0.382	1.3	0.479	*	0.268	1.8	
60-69	0.753	***	0.268	2.8	0.815	***	0.232	3.5		0.667	*	0.391	1.7	0.658	**	0.273	2.4	
70-	0.807	***	0.292	2.8	0.791	***	0.251	3.2		0.551		0.412	1.3	0.592	**	0.285	2.1	
教育程度＜小中卒＞																		
高卒	0.276		0.170	1.6	0.230		0.143	1.6		0.406	**	0.197	2.1	0.252	*	0.132	1.9	
短大専門高専	0.431	**	0.197	2.2	0.381	**	0.164	2.3		0.433	*	0.251	1.7	0.260		0.167	1.6	
大学・大学院	0.595	**	0.231	2.6	0.464	**	0.192	2.4		0.386	*	0.218	1.8	0.293	**	0.145	2.0	
家計維持者＜はい＞																		
いいえ	-0.299	*	0.156	-1.9	-0.248	*	0.127	-2.0		-0.163		0.244	-0.7	-0.221		0.167	-1.3	
世帯年収＜200万円未満＞																		
200万円-300万円未満	0.591	**	0.252	2.4	0.524	**	0.212	2.5		-0.083		0.314	-0.3	-0.038		0.209	-0.2	
300万円-400万円未満	0.297		0.268	1.1	0.315		0.227	1.4		0.176		0.310	0.6	0.099		0.206	0.5	
400万円-500万円未満	0.592	**	0.282	2.1	0.586	**	0.236	2.5		0.096		0.351	0.3	-0.013		0.234	-0.1	
500万円-600万円未満	0.752	**	0.313	2.4	0.560	**	0.261	2.2		0.695	*	0.357	1.9	0.386		0.234	1.7	
600万円-700万円未満	1.096	***	0.313	3.5	0.853	***	0.261	3.3		0.165		0.382	0.4	0.160		0.251	0.6	
700万円-800万円未満	0.530	*	0.321	1.7	0.539	**	0.267	2.0		0.582		0.397	1.5	0.214		0.262	0.8	
800万円-1000万円未満	0.636	**	0.319	2.0	0.496	*	0.264	1.9		0.796	**	0.368	2.2	0.513	**	0.240	2.1	
1000万円-1200万円未満	0.889	***	0.339	2.6	0.829	***	0.278	3.0		0.376		0.405	0.9	0.276		0.264	1.1	
1200万円-1400万円未満	1.386	***	0.489	2.8	1.046	***	0.394	2.7		0.375		0.664	0.6	0.296		0.425	0.7	
1400万円-2000万円未満	0.642		0.517	1.2	0.657		0.416	1.6		0.683		0.596	1.1	0.592		0.375	1.6	
2000万円以上	3.243	***	0.656	4.9	1.942	***	0.531	3.7		2.332	***	0.804	2.9	0.962	*	0.504	1.9	
わからない	0.059		0.258	0.2	0.084		0.219	0.4		-0.087		0.337	-0.3	-0.073		0.225	-0.3	
無回答	0.303		0.261	1.2	0.247		0.221	1.1		0.205		0.323	0.6	0.069		0.214	0.3	
持家有無＜あり＞																		
なし	0.392	**	0.151	2.6	0.339	***	0.127	2.7		0.344	*	0.187	1.8	0.375	***	0.127	2.9	
政権選択の意識＜その他＞																		
意識した	0.223	*	0.124	1.8	0.267	**	0.104	2.6		0.291	*	0.167	1.7	0.351	***	0.113	3.1	
無回答	0.069		0.217	0.3	0.113		0.181	0.6		0.374		0.261	1.4	0.378	**	0.174	2.2	
政治制度の評価	-0.015		0.034	-0.4	-0.014		0.028	-0.5		0.078	**	0.037	2.1	0.053	**	0.024	2.2	
定数項	0.159		0.428	0.4						-0.074		0.571	-0.1					
	OLS				Ordered Probit					OLS				Ordered Probit				
Number o fobs	758				758					722				722				
Adj R-squared	0.1488									0.0811								
Pseudo R2					0.0717									0.0500				

（注）***1%水準で有意，**5%水準で有意，*10%水準で有意。なおOrdered Probit Modelによるしきい値の表記は省略した。また，コントロール変数として地域変数（都道府県）を加えている。

（出所）JES4研究会, 2007-2011, 『JES4調査』。

付表 1-2-2　政治参加尺度に関する推計（男女別・第 6 波）

wave6	女性 OLS Coef.	Std.Err.	t	女性 Ordered Probit Coef.	Std.Err.	t	男性 OLS Coef.	Std.Err.	t	男性 Ordered Probit Coef.	Std.Err.	t
職業＜勤め＞												
自営	0.247	0.172	1.44	0.169	0.165	1.03	0.696 ***	0.185	3.76	0.395 ***	0.116	3.40
家族従業	0.322	0.225	1.43	0.359 *	0.213	1.69	0.301	0.785	0.38	0.622	0.490	1.27
学生	-0.661	0.825	-0.8	-1.450 *	0.860	-1.69	0.067	0.755	0.09	0.291	0.505	0.58
専業主婦	0.251 **	0.104	2.41	0.251 **	0.100	2.51						
無職	0.182	0.165	1.1	0.141	0.159	0.88	0.390 *	0.206	1.89	0.141	0.131	1.08
価値観（指導的地位の女性増加施策要）	-0.027	0.043	-0.64	-0.022	0.041	-0.52	0.076	0.064	1.2	0.062	0.040	1.53
年齢＜20-29＞												
30-39	0.282	0.187	1.5	0.295	0.186	1.58	0.212	0.320	0.66	0.218	0.210	1.04
40-49	0.641 ***	0.182	3.53	0.679 ***	0.180	3.77	0.339	0.329	1.03	0.338	0.214	1.58
50-59	0.586 ***	0.180	3.24	0.592 ***	0.179	3.31	0.583 *	0.333	1.75	0.541 **	0.216	2.50
60-69	0.726 ***	0.194	3.75	0.762 ***	0.192	3.98	0.865 **	0.342	2.53	0.698 ***	0.222	3.15
70-	0.407 *	0.218	1.87	0.414 *	0.214	1.94	0.528	0.369	1.43	0.506 **	0.238	2.13
教育程度＜小中卒＞												
高卒	0.374 **	0.153	2.45	0.481 ***	0.153	3.14	0.579 ***	0.208	2.78	0.514 ***	0.136	3.79
短大専門高専	0.392 **	0.169	2.32	0.500 ***	0.168	2.98	0.729 ***	0.273	2.67	0.476 ***	0.177	2.68
大学・大学院	0.575 ***	0.196	2.93	0.601 ***	0.193	3.12	0.577 **	0.226	2.55	0.513 ***	0.147	3.49
家計維持者＜はい＞	-0.223	1.153	-0.19	-0.411	1.249	-0.33						
いいえ	-0.146	0.122	-1.2	-0.227 *	0.117	-1.93	-0.085	0.226	-0.38	-0.202	0.146	-1.38
世帯年収＜200万円未満＞												
200万円-300万円未満	0.111	0.205	0.54	0.193	0.202	0.96	0.167	0.333	0.5	0.106	0.215	0.49
300万円-400万円未満	0.347	0.211	1.64	0.473 **	0.207	2.29	0.562 *	0.324	1.74	0.428 **	0.208	2.05
400万円-500万円未満	0.554 **	0.221	2.51	0.638 ***	0.216	2.96	0.314	0.351	0.9	0.233	0.226	1.03
500万円-600万円未満	0.604 **	0.237	2.55	0.743 ***	0.230	3.23	0.842 ***	0.362	2.32	0.557 **	0.232	2.40
600万円-700万円未満	0.601 **	0.260	2.31	0.677 ***	0.252	2.69	0.879 **	0.383	2.29	0.581 **	0.244	2.38
700万円-800万円未満	0.345	0.265	1.31	0.419	0.258	1.62	1.438 ***	0.413	3.48	0.909 ***	0.261	3.48
800万円-1000万円未満	0.467 *	0.250	1.87	0.617 **	0.240	2.57	0.552	0.380	1.45	0.431 *	0.244	1.77
1000万円-1200万円未満	0.369	0.277	1.33	0.495 *	0.270	1.83	0.667	0.460	1.45	0.530 *	0.292	1.81
1200万円-1400万円未満	1.722 ***	0.409	4.21	1.429 ***	0.383	3.73	1.418 **	0.645	2.2	0.739 *	0.408	1.81
1400万円-2000万円未満	0.933 **	0.380	2.46	0.869 **	0.363	2.39	0.717	0.629	1.14	0.338	0.403	0.84
2000万円以上	2.236 ***	0.831	2.69	2.020 ***	0.757	2.67	2.438 ***	0.759	3.21	1.202 ***	0.466	2.58
わからない	0.321	0.200	1.61	0.422 **	0.197	2.15	0.316	0.353	0.89	0.164	0.229	0.72
無回答	0.118	0.209	0.57	0.276	0.204	1.35	0.400	0.349	1.15	0.283	0.225	1.26
持家有無＜あり＞												
なし	0.238 **	0.113	2.11	0.340 ***	0.111	3.06	0.234	0.173	1.35	0.184	0.112	1.64
2009年政権交代評価＜その他＞												
評価している	0.225 **	0.111	2.04	0.230 **	0.105	2.18	-0.059	0.150	-0.39	-0.003	0.095	-0.03
政治制度の評価	-0.002	0.029	-0.08	-0.013	0.027	-0.46	-0.017	0.038	-0.45	-0.004	0.024	-0.17
定数項	0.329	0.338	0.97				-0.164	0.525	-0.31			
	OLS			Ordered Probit			OLS			Ordered Probit		
Number of obs	804			804			765			765		
Adj R-squared	0.0955						0.0874					
Pseudo R2				0.0572						0.0491		

（注）***1％水準で有意，**5％水準で有意，*10％水準で有意。なお Ordered Probit Model によるしきい値の表記は省略した。また，コントロール変数として地域変数（都道府県）を加えている。

（出所）JES4 研究会，2007-2011，『JES4 調査』。

謝　辞

本分析にあたり，東京大学社会科学研究所附属社会調査・データアーカイブ研究センター SSJ データアーカイブから「変動期における投票行動の全国的・時系列的調査研究（JES4 SSJDA 版）2007-2011（JES4 研究会（平野浩・小林良彰・池田謙一・山田真裕））」の個票データの提供を受けた。また，2016 年度東京大学参加者公募型研究・二次分析研究会及び中央大学社会科学研究所公開研究会においてご示唆をいただいたメンバの皆様に厚く御礼申し上げる。

1) 同指数は女性の地位を経済，教育，政治，健康の4分野で分析する。2016 年の総合点の順位は前年に比べランクが10 下がり，過去最低の水準になった。日本は健康や教育の分野で順位を上げたが，男女所得格差の算定方法が変更されたこともあり，「経済」が118 位と前年に比べランクが12 下がっている。
2) 実際に日本の国会における女性議員割合は世界的に見ても極めて低い割合にあり，IPU（2016）によれば 2016 年 12 月時点における下院（日本では衆議院を指す）議員女性割合は 193 カ国中 157 位である。具体的には衆議院（下院・2014 年選挙）9.5%で，参議院（上院・2016 年選挙）で 20.7%である。
3) なお男女の投票率であるが，1970 年代頃までは一貫して男性の方が女性よりも投票率が高く，その後女性のほうが投票率が高い時期が続いている。その後，2000 年代からは主に男性の方が投票率が高いという状況が続き，衆院・参院ともに過去 3 回の選挙はすべて男性の方が投票率が高くなっている。
4) 同調査は第 4 波（wave4）で若年者層を中心に追加サンプルの投入を行っている。従って第 3 波と第 6・7 波では回答者の属性にやや変化があり，後者は前者に比べ年齢層が 2 歳ほど低下している。
5) 各調査の詳細は次のとおりである。一部データはパネル調査となっているが，以下のように追加サンプルも多いため，本章ではクロスセクションのデータとして分析を行う。
【第 3 波】（2009 年衆議院選挙後調査）第 2 波調査の完了者 1,858 人から以後の調査への協力拒否のあった 92 人を除いた 1,766 人に，第 2 波調査で不能であった者 434 人を加えた 2,200 人を対象者とした。ただしこれらの対象者が転居，住所不明，調査期間中不在の場合には新たな予備サンプルを使用し，これが 6 人であったため，第 3 波調査でのアタック対象となったサンプルは合計 2,206 人となった。
【第 6 波】（2010 年参議院選挙後調査）第 5 波調査の完了者 1,767 人から以後の調査への協力拒否のあった 43 人を除いた 1,724 人に，第 5 波調査で不能であった者 352 人を加えた 2076 人を対象者とした。
【第 7 波】（2011 年政治意識調査）第 5 波および第 6 波の少なくとも一方の完了者 1,856 人から以後の調査に対する協力拒否のあった 53 人を除いた継続サンプル 1,803 人に，新規補充サンプルとして全国市町村の住民基本台帳もしくは選挙人名簿から抽出した 1,197 人を合わせた，全国の満 20 歳以上の男女 3,000 人を対象者

とした。新規補充サンプルの抽出にあたっては，継続サンプルにおける年齢層の偏りを補正するため，上記第4波調査におけるサンプル補充と同様に，調査対象者を20～39歳，40歳～59歳，60歳以上の3つの層に分け，それぞれの層のサンプル数が母集団比率に出来るだけ近くなるようにサンプル抽出を行った。その結果，3つの年齢層の補充サンプル数は20～39歳：585，40～59歳：332，60歳以上：28となった。

6) 寺村（2014）による高齢女性の就業に関する分析では，高齢期に無職である女性の過去の就業履歴は専業主婦であることが多く，また就業歴のある女性にくらべ高齢期の就業意欲も低いことがわかっている。そのため，女性にとって就業の有無は就業行動だけでなく様々な社会への参画意識にも影響がある可能性が示唆される。

7) なお，「202030」に沿った政策立案がなされているにも関わらず，実際の指導的地位に就く女性割合に関する数値としては先の女性議員割合（衆院9.0％，参院20.7％（2016年時点））だけでなく，企業等における管理職比率の数値も政策達成には程遠い状況となっているのが現状である。厚生労働省（2015）によれば，課長相当職以上の管理職に占める女性割合は11.9％であり，係長相当職以上の女性管理職割合は12.8％に過ぎない。

8) すべてのwaveにおいて回答は5段階となっており，「賛成」5，「どちらかといえば賛成」4，「どちらともいえない」3，「どちらかといえば反対」2，「反対」1となっている。また，もともとの設問の回答を反転させ使用している。「わからない」「答えない」は欠損値とした。なお，第3波の女性において欠損値が約13％とやや高いものの，その他のwave及び性別については5％以下である。

9) ただし学生についてはサンプルが15以下と大変少ない。

10) 設問は「あなたがこの5年間に経験したことをすべてお答えください」である。

11) 世帯年収については，各カテゴリーの中央値を取る等の方法で数値変換し，さらに対数変換を行う場合も多いが，本分析では「わからない」「無回答」のサンプルが3割程度存在することもあり，上述のとおりカテゴリーデータとしてそのまま使用した。

参考文献

1. 川人貞史（2007）「日本における女性の政治進出」川人貞史・山元一編著『政治参画とジェンダー』第10章，東北大学出版会。
2. 厚生労働省（2015）『雇用均等基本調査』
3. 齋藤英之（2002）「女性議員が少ない理由，増えている理由」『上智短期大学紀要』第22号，61-84。
4. 参議院（2017）『参議院議員情報　議員一覧』
   http://www.sangiin.go.jp/japanese/johol/kousei/giin/193/giin.htm
5. JES4研究会（平野浩・小林良彰・池田謙一・山田真裕）（2007-2011）『変動期における投票行動の全国的・時系列的調査研究（JES4 SSJDA版）』

6. 衆議院（2017）『衆議院議員情報　議員一覧』
   http://www.shugiin.go.jp/internet/itdb_annai.nsf/html/statics/syu/1giin.htm
7. 総務省自治行政局選挙部（2009）『衆議院議員総選挙・最高裁判所裁判官国民審査結果調』
8. 総務省（2010）『第22回参議院議員通常選挙結果調』
9. 総務省選挙部（2017）『目で見る投票率』
10. 総務省統計局（2017）『消費者物価指数』
    http://www.e-stat.go.jp/SG1/estat/List.do?bid=000001074279&cycode=0
11. 寺村絵里子（2014）「高年齢女性の就業行動」小崎敏男・永瀬伸子編著『人口高齢化と労働政策』第7章，原書房．
12. 内閣府（2017）『国民経済計算年次推計』
    http://www.esri.cao.go.jp/jp/sna/data/data_list/kakuhou/files/files_kakuhou.html
13. 内閣府男女共同参画局（2015）『男女共同参画白書』
14. 平野浩（2007）「男女共同参画に関する政策専攻の規定要因―価値観および不平等認識の効果を中心に―」川人貞史・山元一編著『政治参画とジェンダー』第12章，東北大学出版会．
15. 前田幸男（2007）「性別役割分業と政治参加」永井暁子・松田茂樹編著『対等な夫婦は幸せか』，第6章，97-118，勁草書房．
16. 三宅一郎・西澤由隆（1997）「日本の投票参加モデル」綿貫譲治・三宅一郎編著，『環境変動と態度変容（変動する日本人の選挙行動）』第7章，木鐸社．
17. 宮野勝（2016）「1990年代中期の政党支持の変化と世論調査データの比較可能性― JES Ⅲパネルデータを中心として―」宮野勝編著『有権者・選挙・政治の基礎的研究』第4章，中央大学出版部．
18. 山田真裕（2007）「日本人の政治参加におけるジェンダー・ギャップ」川人貞史・山元一編著『政治参画とジェンダー』第11章，東北大学出版会．
19. Bonomi.G, Brosio.G and Tommaso,.L. (2013) "The Impact of Gender Quotas on Votes for Women Candidates: Evidence from Italy", "Feminist Economics", Vol.19, No.4, P48-75.
20. Burns, Schlozman, and Verba (2001) "The Private Roots of Public Action: Gender, Equality, and Political Participation" Harvard University Press.
21. Kittilson,K.C. and Schwindt-bayer,L.A. (2012) "The Gendered Effects of Electoral Institutions: Political Engagement and Participation" Oxford University Press.
22. Inter-Parliamentary Union (2017) "Women in national parliaments: Comparative data by country".
    http://www.ipu.org/wmn-e/classif.htm
23. World Economic Forum (2016) "The Global Gender Gap Report 2016".
    https://www.weforum.org/reports/the-global-gender-gap-report-2016

第 2 章
科学技術政策は国政選挙の争点となっていたのか？
―― 2016 年参院選を事例として ――

種 村　　剛

1．はじめに

　米国トランプ政権は 2017 年 5 月に 2018 年度予算案を発表した。そこでは，国防費を増額する一方で，環境，再生可能エネルギー，地球観測について研究開発予算の大幅な削減の方向性を示した（白川 2017）。このことから，米国において政権選択が科学技術政策に多大な影響を与えることがうかがえるだろう。一方，日本の場合はどうであろうか。米国と異なりどの政党を選んだとしても科学技術政策は同じように進められていくものなのだろうか，それとも，政党によって科学技術政策のあり方は変わるのだろうか。もし後者だとするならば，科学技術政策は選挙においてどの程度重視されるものなのだろうか。以上の問いに答えるために本章は次の 2 つについて考察を行う。考察のポイントは，第 1 に，日本の科学技術政策は国政選挙の争点となっているのかについて，2016 年に行われた参議院選挙を事例として確かめることである。そして第 2 に，第 1 の答えを受けて，争点となっている／なっていないならば，その理由はどこにあるのかを確かめることである。

　「争点」概念については後ほど確認するが，さしあたり，争点が成立するための必要条件を，選挙において，当該の政策に対して政党が異なる政策案 A と B を提示していることとしておこう。ならば争点となっている，政党ごと

に異なる科学技術についての政策案を確認することは,「科学技術創造立国」を掲げて科学技術の振興を進めている,日本の科学技術政策の方針について知ることにつながるのではないだろうか。また,科学技術政策について,政党および有権者がどの程度選挙において政党選択の要素としているかを知ることで,科学技術政策を有権者がどの程度重要視しているかを知ることにつながるとも考えた。これら2点は,日本の今後の科学技術政策を予想するための手がかりになるのではなかろうか。

以下,次のように論を進める。第1に,日本の科学技術政策の現状を概観する。第2に,争点評価について確認した上で,マスメディアおよび有権者が科学技術政策を国政選挙の争点として認知していたかについて,2016年参院選の世論調査項目を用いて確認する。第3に,各政党が選挙公約で掲げた科学技術政策の概要から,政党ごとに政策上の違いがあったかどうかを確認する。第4に,政党の提案した科学技術政策が,〈争点評価の条件〉および〈争点が選挙の結果に重要な影響を及ぼすための3条件〉を満たしているかどうかを調べる。

2. 日本の科学技術政策の現状

本節の目的は,日本の科学技術政策についてその概要を把握することである。以下,次のように進める。第1に,科学技術政策概念について確認する。第2に,科学技術基本計画等から,日本の科学技術政策の概要を記す。第3に,近年の日本の科学技術関連予算の推移を確認する。第4に,論文数を指標とすることで,日本の科学技術研究力の推移を捉える。第5として,近年の安全保障のための科学技術政策とデュアルユース研究について示す。

2-1 科学技術政策:「科学のための政策」と「政策のための科学」の二側面

科学技術政策の起源は第2次世界大戦末期から戦後早期に求めることができるとされる[1]。しかし,科学技術政策が,国際的に一定の共通理解を持った概

念となったのは，1970年代前後と比較的新しいものだといわれている（小林 2011）。現代の科学技術政策の特徴の1つとして「科学のための政策」（policy for science）と「政策のための科学」（science for policy）の二側面についての指摘がある。前者は科学技術の振興政策を指す。後者は個別の政策課題に対して適切な知見を提供するための研究開発支援などを行う政策である。「政策のための科学」は，支援対象となった科学技術の「科学のための政策」に接続しうる。加えて「政策のための科学」は，政策と科学技術を結びつける性質上，経済・文化・環境・外交・安全保障などの「様々な政策と緊密な関係を持つ横串の政策」となりうる（同書，12）。「科学のための政策」と「政策のための科学」を包括的に対象とする政策領域が科学技術政策である。

現在の日本の科学技術政策に制度的な根拠を与えているのが，科学技術基本法である。1995年に議員立法によって成立したこの法律は，日本の科学技術の振興に関する諸施策の基本となる事項を定めている。

2-2　科学技術基本計画，総合科学技術・イノベーション会議，科学技術イノベーション総合戦略

2-2-1　科学技術基本計画

日本の科学技術政策は，前述した科学技術基本法に定められ，5年ごとに策定される「科学技術基本計画」（以下，基本計画）に則って，中長期的に総合的・計画的に進められるものとされている。ここでは，第5期基本計画（2016年制定）の内容を確認することで，日本の科学技術政策の概要を把握しておく。

第1に，基本計画は，日本の現状をICT（Information and Communication Technology；情報通信技術）により社会・経済の構造が変化し国内外の課題が増大・複雑化していると捉えている。このような社会背景を前提として，科学技術イノベーションを推進する必要性が増しているとする（文部科学省 2017, 163）。

第2に，目指すべき国の姿として，1）持続的な成長と地域社会の自律的な発展，2）国及び国民の安全・安心の確保と豊かで質の高い生活の実現，3）

地球規模課題への対応と世界の発展への貢献, 4) 知の資産の持続的創出を挙げている。つまり, 基本計画は, 科学技術イノベーションをつうじて, 上述の「目指すべき国の姿」を可能にすることを目指していると言える。

第3に, 基本計画の4本柱として, 1) 未来の産業創造と社会変革に向けた新たな価値創出の取組, 2) 経済・社会的課題への対応, 3) 科学技術イノベーションの基盤的な力の強化, 4) イノベーション創出に向けた人材, 知, 資金の好循環システムの構築を掲げ, これらを科学技術外交と一体的に進めることで, 日本を「世界で最もイノベーションに適した国」となるように導くと宣言する。この基本計画の4本柱は, 科学技術イノベーションの方向性を定めていると言えるだろう。

2-2-2 総合科学技術・イノベーション会議

前述の基本計画は, 総合科学技術・イノベーション会議 (Council for Science, Technology and Innovation; CSTI) が策定している。CSTI は, 5つある「重要政策に関する会議」の1つとして内閣府に設置されている機関である。議長は内閣総理大臣が務め, そのリーダーシップの下, 関係閣僚と有識者で構成されている。

CSTI は, 基本計画の他に「科学技術イノベーション総合戦略」の策定,「日本再興戦略」策定への貢献, 政府全体の科学技術関係予算の戦略的策定,「戦略的イノベーション創造プログラム (Cross-ministerial Strategic Innovation Promotion Program; SIP)」「革新的研究開発推進プログラム (Impulsing PAradigm Change through disruptive Technologies Program; ImPACT)」の運営などを行っている。CSTI は日本の科学技術政策を推進する中核となる組織であり「重きを置くべき施策」(何をイノベーションの重要分野とするか),「そこに予算をどれだけ投資するのか」(科学技術関係予算の編成および重点配分), 行われている研究開発の事前・事後評価を担っていると言える。

2-2-3 科学技術イノベーション総合戦略

科学技術政策の中長期的な方向性を示す基本計画に対して，2013年以降毎年度策定されている科学技術イノベーション総合戦略（以下，総合戦略）は，年度ごとに重点を置く取り組みを定める。総合戦略2016では，先に示した基本計画の4本柱を中心に，具体的な検討課題として「Society 5.0[2]の深化と推進」「若手をはじめとする人材力の強化」「大学改革と資金改革の一体的推進」「オープンイノベーションを推進する仕組みの強化」「科学技術イノベーションの推進機能の強化」を挙げている。

以上からうかがうことのできる日本の科学技術政策の特徴を2点指摘する。1）日本の科学技術政策は，CSTIが定めた基本計画（中長期）と総合戦略（年度ごと）に則りトップダウン方式で進められている。2）基本計画と総合戦略では，科学技術政策の軸として「イノベーション」が据えられている。

2-3 科学技術関連予算の推移

次に，日本の科学技術関連予算について確認する。表2-1は2007年度から2016年度の科学技術関連予算の推移である。この10年間に，一般会計予算と一般歳出予算（一般会計予算から国債費および地方交付税交付金等を除いたもの）は増加傾向にある一方で，科学技術関連予算の中心となる科学技術振興費は増減がありつつも1兆3477億円（2007年度）から，1兆2930億円（2017年度）へ，約500億円減額している。一般歳出予算に占める科学技術関連予算の割合も，6.4％（2007年度）から5.0％（2016年度）へ低下している[3]。このように，2007年度からの10年間で科学技術振興費および科学技術関連予算は金額としても減額傾向，一般歳出予算に対する割合としても減少傾向にあることがわかる。先に見た，科学技術政策の基本計画，総合戦略と合わせると「科学技術関連予算を減額しながらも，イノベーションを推進すること」が，財政面から見た日本の科学技術政策の方針の一面であると言えるだろう。

表 2-1　科学技術関連予算の推移

	2007年度	2008年度	2009年度	2010年度	2011年度	2012年度	2013年度	2014年度	2015年度	2016年度
一般会計中の科学技術関係予算（億円）	29,905	30,398	30,191	30,531	30,565	29,863	29,578	30,474	29,467	28,921
科学技術振興費（億円）	13,477	13,628	13,777	13,334	13,352	13,135	13,007	13,372	12,857	12,930
科学技術振興費対前年度比（％）	101.2	101.1	101.1	96.8	100.1	98.4	99.0	102.8	96.2	100.6
一般会計中の科学技術関係予算対前年度比（％）	99.8	101.6	99.3	101.1	100.1	97.7	99.0	103.0	96.7	98.1
国の一般会計予算（億円）	829,099	830,613	885,480	922,922	924,116	903,339	926,115	958,823	963,420	967,218
国の一般歳出予算（億円）	469,784	472,845	517,310	541,724	540,780	517,957	539,774	564,697	573,555	578,286
一般歳出予算に占める科学技術関係予算の割合（％）	6.4%	6.4%	5.8%	5.6%	5.7%	5.8%	5.5%	5.4%	5.1%	5.0%

（出所）『平成24年版科学技術白書』『平成29年版科学技術白書』「科学技術関連予算の推移」より筆者作成。

2-4　論文数の推移に見る日本の科学研究

　研究力の評価指標として「研究論文」や，被引用数の上位1％までの論文数を指す「トップ1％論文」がある。研究論文はピアレビューを経て一定の水準が担保されている。そのため研究論文数は，質的水準を満たす研究活動の指標となりうる。また，論文は内容を認めた研究を先行研究として引用して記す。そのため論文の被引用数や，トップ1％論文は，専門家集団が認めた研究の指標として用いることができるとされている（小林2017，736）。もちろん，上述した論文数や被引用数には，対象論文が自然科学中心であることや，インターネットや論文データベース，オープンアクセスの発展などにより指標のあり方自体が変化しているため解釈には注意が必要である（同書，738）。また，指標とした量的な研究評価だけではなく研究の多様性や若手・中堅研究者の研究状況などの，質的な評価指標もありうる。しかし，ここでは，比較的よく使われる指標である「研究論文」と「トップ1％論文」を用いて，日本の科学技術研究力について概観しておく。

　2017年3月 Nature Index が，日本の科学論文数の割合の減少を理由に日本の科学研究が失速していることを指摘して耳目を集めた（Nature Index 2017）。しかしながら，日本の研究論文数は1997年前後をピークに，ここ20年は減少傾向にあることは，この指摘以前から知られていた（小林前掲書，739）。表2-2-1，2-2-2は科学技術・学術政策研究所が2014年と2017年に著した資料を，筆者がまとめたものである（文部科学省　科学技術・学術政策研究所　科学技

術・学術基盤調査研究室 2014, 2017)。これによれば、国・地域別論文数について、日本は2000〜2002年に、アメリカに次いで9.8のシェアを占めていたものが（2位）、2013〜2015年には、5.6に低下している（5位）。被引用数が多い論文についても同様に、日本は2000〜2002年に、全体の6.3のシェアを占めていたものが（5位）、2013〜2015年には、5.2となっている（12位）。

このように、研究論文数や被引用数が多い論文数の指標からは、日本の科学技術研究力が、相対的に低下していることがうかがえる。

表2-2-1 国・地域別Top1%補正論文の割合トップ12（整数カウント）

順位	1990-1992年*	シェア	1993-1995年**	シェア	2000-2002年*	シェア	2003-2005年**	シェア	2010-2012年*	シェア	2013-2015年**	シェア
1位	アメリカ	63.1	アメリカ	61.8	アメリカ	58.2	アメリカ	56.4	アメリカ	51.1	アメリカ	49.0
2位	イギリス	10.3	イギリス	10.8	イギリス	12.9	イギリス	13.1	イギリス	15.7	中国	20.2
3位	ドイツ	6.5	ドイツ	7.7	ドイツ	10.1	ドイツ	10.5	ドイツ	13.7	イギリス	16.7
4位	カナダ	5.4	フランス	5.9	フランス	6.7	フランス	7.0	中国	13.3	ドイツ	13.6
5位	フランス	5.2	カナダ	5.8	日本	6.3	カナダ	6.4	フランス	8.8	フランス	9.4
6位	日本	5.2	日本	5.7	カナダ	5.6	日本	6.1	カナダ	8.1	カナダ	8.4
7位	オランダ	2.9	オランダ	3.4	イタリア	4.1	中国	4.8	イタリア	6.8	オーストラリア	7.9
8位	スイス	2.6	イタリア	3.1	オランダ	3.9	オランダ	4.6	オランダ	6.3	イタリア	7.7
9位	オーストラリア	2.3	スイス	3.0	スイス	3.7	イタリア	3.9	オーストラリア	6.1	オランダ	6.5
10位	イタリア	2.3	オーストラリア	2.4	オーストラリア	3.2	スイス	3.6	スペイン	5.9	スペイン	6.3
11位	スウェーデン	2.2	スウェーデン	2.1	中国	2.6	オーストラリア	3.2	日本	5.7	スイス	5.8
12位	デンマーク	1.2	デンマーク	1.5	スウェーデン	2.6	スペイン	3.2	スイス	5.5	日本	5.2

表2-2-2 国・地域別論文の割合トップ12（整数カウント）

順位	1990-1992年*	シェア	1993-1995年**	シェア	2000-2002年*	シェア	2003-2005年**	シェア	2010-2012年*	シェア	2013-2015年**	シェア
1位	アメリカ	35.1	アメリカ	34.2	アメリカ	31.2	アメリカ	30.5	アメリカ	26.6	アメリカ	25.4
2位	日本	8.2	日本	8.8	日本	9.8	日本	9.1	中国	13.5	中国	18.3
3位	イギリス	8.2	イギリス	8.5	ドイツ	8.8	ドイツ	8.3	ドイツ	7.5	ドイツ	7.1
4位	ドイツ	7.9	ドイツ	8.0	イギリス	8.6	イギリス	8.0	イギリス	7.2	イギリス	7.0
5位	ロシア	6.2	フランス	6.3	フランス	6.4	中国	7.0	日本	6.4	日本	5.6
6位	フランス	5.9	カナダ	4.7	中国	4.6	フランス	6.0	フランス	5.4	フランス	5.1
7位	カナダ	4.7	ロシア	4.1	イタリア	4.4	イタリア	4.6	イタリア	4.5	イタリア	4.5
8位	イタリア	3.3	イタリア	3.7	カナダ	4.2	カナダ	4.4	カナダ	4.4	カナダ	4.3
9位	オランダ	2.3	オランダ	2.5	ロシア	3.5	スペイン	3.3	スペイン	3.9	インド	4.2
10位	インド	2.2	オーストラリア	2.4	スペイン	3.1	ロシア	2.9	インド	3.8	韓国	3.9
11位	オーストラリア	2.2	スペイン	2.2	オーストラリア	2.7	オーストラリア	2.8	韓国	3.7	スペイン	3.8
12位	スウェーデン	1.8	インド	2.1	オランダ	2.4	韓国	2.8	オーストラリア	3.3	オーストラリア	3.7

（出所）*は『科学技術指標2014』、**は『科学技術指標2017』「国・地域別論文数、Top10補正論文数、Top1補正論文数：上位25か国・地域」より筆者作成。整数カウントによる割合。

2–5　安全保障のための科学技術政策とデュアルユース技術

　本節の最後に，今後の議論と関連する，安全保障のための科学技術政策とデュアルユースについて確認する。民主党政権下において策定された第 4 期基本計画（2011 年 8 月）において，目指すべき国の姿の 1 つとして「国家存立の基盤となる科学技術を保持する国」が掲げられ，そのために「国家安全保障・基幹技術の強化」が謳われた。基本計画において「国家安全保障のための科学技術」が登場するのはこの第 4 期基本計画からである。

　そして，2012 年 12 月の民主党から自民党への政権交代および第 2 次安倍内閣の発足以後，安全保障のための科学技術政策において，デュアルユース技術に注目が集まるようになる[4]。デュアルユース技術を安全保障政策に積極的に活用することについて，2013 年 12 月に閣議決定した『国家安全保障戦略』には「我が国の高い技術力は，経済力や防衛力の基盤であることはもとより，国際社会が我が国に強く求める価値ある資源でもある」として，デュアルユース技術を含めた，技術力の強化を図ることが示されている（国家安全保障会議 2013a, 17）。

　併せて閣議決定した『平成 26 年度以降に係る防衛計画の大綱』および『中期防衛力整備計画（平成 26 年度～平成 30 年度）について』には「安全保障の観点から，技術開発関連情報等，科学技術に関する動向を平素から把握し，産学官の力を結集させて，安全保障分野においても有効に活用し得るよう，先端技術等の流出を防ぐための技術管理機能を強化しつつ，大学や研究機関との連携の充実等により，防衛にも応用可能な民生技術（デュアルユース技術）の積極的な活用に努めるとともに，民生分野への防衛技術の展開を図る」とある（国家安全保障会議 2013b, 25；2013c, 19）。

　防衛省がまとめた『防衛生産・技術基盤戦略～防衛力と積極的平和主義を支える基盤の強化に向けて～』（2014）には「デュアル・ユース技術活用の効率的な推進のためには，大学や研究機関との連携強化を図るとともに，政府等が主導する個別の研究開発プログラム等を活用していく必要がある」（防衛省 2014, 13）とし，先に示した「革新的研究開発推進プログラム（ImPACT）」な

どと積極的に連携を推進することが示されている。

　同じく防衛省による『防衛技術戦略〜技術的優越の確保と優れた防衛装備品の創製を目指して〜』(2015) は，技術的優越の確保と，優れた防衛装備品の効果的・効率的な創製のために，考慮すべき課題の1つとして，技術のボーダレス化，デュアルユース化の進展を挙げている。そして第5期基本計画の「科学技術には多義性があり，ある目的のために研究開発した成果が他の目的に活用できることを踏まえ……適切に成果の活用を図っていくことが重要」の部分を引きながら「防衛と民生の双方の技術連携を促進するため産学官の力を結集し，防衛にも応用可能な民生技術の積極的な活用（スピンオン）」と「民生分野への防衛技術の展開（スピンオフ）」を図り「我が国の技術力を進展させることが重要」とする（防衛省 2015, 4）。

　このように，安全保障の分野においてデュアルユース技術に注目が集まる背景として，小山田は1) 研究開発システムの変化，2) 防衛・軍事をとりまく環境の変化，3) 研究開発のグローバル化，4) 新興／先進技術の重要性を挙げている（小山田 2016, 88-89）。

　安全保障のための科学技術とデュアルユースが社会問題化した契機として，防衛省が2015年度から開始した「安全保障技術研究推進制度」（以下，推進制度）がある。これは防衛省が採択した課題を実施する大学，国立研究開発法人などの研究機関や企業に対して，研究を委託し，研究資金を配分する制度である。予算は初年度（2015年度）3億円であったが，2017年度には110億円まで増額されている。2015年10月には推進制度を管轄する防衛装備庁が発足している。推進制度の目的は「防衛技術にも応用可能な先進的な民生技術，いわゆるデュアル・ユース技術を積極的に活用する」ことである（川本 2017）。

　戦後日本の大学や研究機関の多くは，第2次世界大戦下において戦争協力を行った反省から，軍事研究から距離をおいていた。日本学術会議もまた1950年に，「戦争を目的とする科学の研究は絶対にこれを行わない」旨の声明を，1967年には「軍事目的のための科学研究を行わない声明」を発表している（日本学術会議 1950, 1967）。推進制度は，この前提を揺るがすことになる。日本学

術会議は，制度の発足をきっかけとして 2016 年 5 月に「安全保障と学術に関する検討委員会」を立ち上げた。そして，2017 年 3 月に「政府による介入が著しく，問題が多い」として同制度の問題点を指摘し，1950 年と 1967 年の声明を引き継ぐ「軍事的安全保障研究に関する声明」を新たに発表している（日本学術会議 2017）。

　本節では，日本の科学技術政策について，第 5 期基本計画，科学技術関連予算，論文数の推移を指標とした日本の科学研究の状況について確認した。一言でまとめると，日本の科学技術政策は，イノベーションを目標に掲げる一方で，科学技術への予算は緊縮させる方針をとっている。そして論文数で見る限り国際的な研究力は相対的に低下しているようである。また，安全保障分野ではデュアルユース技術の活用が進められている。でははたしてこのような科学技術政策の状況は，国政選挙において争点となりうるのだろうか。

3．日本の科学技術政策は国政選挙の争点となっていたのか？

　前節では，日本の科学技術政策の現状について確認を行った。本節は，上記を踏まえた上で，本章の問いである「日本の科学技術政策は国政選挙の争点（issue）となっているのか」について検証を行う。第 1 に，争点評価と争点の概念を確認することで，本章の問い「日本の科学技術政策は国政選挙の争点となっているのか」の概要を示す。第 2 に，2016 年の参院選の際にマスメディアが実施した世論調査を用いて，この選挙において科学技術政策が国政選挙の争点となっていたかを検証する。

3-1　争点評価と争点

　争点評価および争点の概念を，蒲島（1986, 1998）を参考にして確認しておく。選挙における争点評価とは次のことを指す。解決すべきあるいは達成すべき社会的な政治的課題に対して，各政党は課題の原因と構造について説明し，課

題解決の目標と方法・対策の提案を，公約として提示する。有権者は複数の政党が提示した公約（課題解決の目標と対策）の中から，望ましいと評価した公約を提示した政党へ投票する。そして当選した政党が公約を守ることで，民意が実現される。これが争点評価に基づいた政党選択であり，民主主義の理想の1つであると言える。

しかしながら，蒲島は争点評価に基づく政党選択は理想ではあるが，実際には行われにくいとする。その理由として，争点評価に基づく選挙のためには，1）有権者はある争点についてAとBの選択肢がある場合，そのどちらかを選好する，2）政党はその争点に関してAかBか，あるいは無差別かの立場を明確にすることの，2条件が必要になることを指摘する。しかし，すべての争点にAかBかの選択肢があるわけではない（蒲島 1986, 238；蒲島 1998, 47），さらに，政党が争点についての立場を明確にしない場合や，争点が複数存在することもある。このような場合，争点評価に基づく政党選択は難しくなる。

さらに，蒲島はバトラーとストークスによりながら（Butler and Stokes, 1974），争点が選挙の結果に重要な影響を及ぼすための3条件を以下のように示す。1）ある争点について，多くの有権者が意見を持ち，関心をもっていること，2）争点に対する有権者の意見の分布が一方に偏っていること，3）争点に対する政党の立場が有権者から見て明確であることである（蒲島 1998, 48）。

表2-3 〈争点評価の条件〉と〈争点が選挙の結果に重要な影響を及ぼすための3条件〉

〈争点評価の条件〉（A）
A-1）有権者はある争点についてAとBの選択肢がある場合，そのどちらかを選好する
A-2）政党はその争点に関してAかBか，あるいは無差別かの立場を明確にすること
〈争点が選挙の結果に重要な影響を及ぼすための3条件〉（B）
B-1）ある争点について，多くの有権者が意見を持ち，関心をもっていること
B-2）争点に対する有権者の意見の分布が一方に偏っていること
B-3）争点に対する政党の立場が有権者から見て明確であること

ここで「争点」概念を次のように，〈広義の争点〉〈争点候補〉〈狭義の争点〉の３点から整理することができるだろう。まず「解決すべきあるいは達成すべき社会的政治的課題」を〈広義の争点〉としておく。例えば，選挙公約の項目に挙がる「年金」や「憲法改正」などは〈広義の争点〉の具体的な事例になる。

一方，「それぞれの政党が公約として提示した課題解決の目標と対策」を〈争点候補〉とすることができる。そして〈争点候補〉である「それぞれの政党が公約として提示した課題解決の目標と対策」が〈争点評価の条件〉および〈争点が選挙の結果に重要な影響を及ぼすための３条件〉を満たしている場合，当該の〈争点候補〉を〈狭義の争点〉とみなすことができるだろう。

たとえば，選挙の〈広義の争点〉として「消費税」を挙げることができるだろう。このとき，〈広義の争点〉である「消費税」に対して「課題解決の目標と対策」すなわち〈争点候補〉として，ある政党は「消費税率の引き上げ実施」（選択肢A），別の政党は「税率引き上げ延期」（選択肢B）を立てることができるだろう。この場合，〈争点候補〉である政策は，〈争点評価の条件〉や〈争点が選挙の結果に重要な影響を及ぼすための３条件〉を満たした〈狭義の争点〉として機能しうるかもしれない。そして，有権者は〈狭義の争点〉について争点評価を行い，評価の高い政党へ投票するかもしれない。

上記のように争点概念を整理することが妥当であれば，本章の提示した問い「日本の科学技術政策は国政選挙の争点となっているのか」は，以下のような下位の問い（Q1～Q4）に分解して示すことができるだろう。

Q1）科学技術政策はそもそも選挙において「解決すべきあるいは達成すべき社会的政治的課題」（〈広義の争点〉）となっているのか

Q2）科学技術政策に対して各政党は「課題解決の目標と対策」を公約で示しているか

Q3）各政党が示した「課題解決の目標と対策」は蒲島の指摘した〈争点評価の条件〉および〈争点が選挙の結果に重要な影響を及ぼすための３

条件〉を満たしているか
Q4）実際の選挙において科学技術政策は，争点評価に基づいた政党選択として機能したのか

　Q1）は科学技術政策が〈広義の争点〉となっているのかについての問いである。Q2）は各政党が科学技術政策について〈争点候補〉を出しているかを問うている。Q3）は政党が掲げた〈争点候補〉は〈狭義の争点〉として機能しうるかどうかについての問いである。Q4）は実際の有権者の投票において，争点はどのように機能したかについての問いである。

　本章は，特に Q1）～3）を中心として，2016 年に行われた参議院選挙を，事例としてパイロット的な検証を行うこととする。

　以下ではまず〈Q1）科学技術政策はそもそも選挙において「解決すべきあるいは達成すべき社会的政治的課題」（〈広義の争点〉）となっているのか〉について検証を行う。

3-2　科学技術政策は選挙において〈広義の争点〉となっていたのか？

　科学技術政策は「解決すべきあるいは達成すべき社会的政治的課題」すなわち〈広義の争点〉としてそもそも成立しているのだろうか。この問いに対して，マスメディアが 2016 年の参院選に対して行った世論調査の項目を確認することで，確かめてみたい。検証を行う前に，世論調査の項目に注目する理由を説明する。メディアのアジェンダ・セッティング（議題設定機能）の観点から捉えると，世論調査項目は，メディアが「重要な争点」になりうると設定したアジェンダであると解釈することができる。このように，世論調査の項目を用いることで表に示すように〈広義の争点〉をマスメディアの設定した争点と，有権者の認識する争点の 2 つの面から捉えることができるようになる。このことをまとめたのが表 2-4 である。

　たとえば，世論調査の項目に「科学技術政策」が掲げられているのならば，少なくともメディアは，科学技術政策を選挙の争点の 1 つに据えている。その

上で，有権者が，当該の調査に対して，科学技術政策を政権の選択をする上で重要な判断基準としていると答えているのならば，マスメディアと有権者は共に，科学技術政策を〈広義の争点〉として認識しているといってよいだろう（状況 A）。一方，状況 C のように，マスメディアが世論調査の項目に科学技術政策を挙げていないのならば，当該の調査から直接，有権者が〈広義の争点〉として認識しているかどうかを確認することはできない。

表2-4　マスメディアと有権者からみた〈広義の争点〉としての科学技術政策のあり方

	マスメディア	有権者
状況 A：マスメディアが科学技術政策を世論調査の項目に設定し，その調査に有権者も判断基準として重視すると応えている	○	○
状況 B：マスメディアが科学技術政策を世論調査の項目に設定しているが，その調査に有権者は重視すると応えていない	○	×
状況 C：マスメディアは科学技術政策を世論調査の項目に設定していない	×	−

○：〈広義の争点〉とみなす，×：〈広義の争点〉とみなさない，−：わからない

では，以下3つの世論調査を確認してみよう。毎日新聞が2016年6月に実施した世論調査【毎日調査】（電話調査，有権者27,500人からの回答）では「今回の参院選で，次の9つの争点のうちどれをもっとも重視しますか」として，年金・医療（27%），憲法改正（13%），アベノミクス（11%），子育て支援（11%），消費増税（10%），安全保障関連法（7%），震災からの復興（5%），原発・エネルギー政策（5%），環太平洋パートナーシップ協定（2%）の9項目を挙げている（今村 2016）。

テレビ朝日が2016年6月に実施した世論調査【朝日調査】（電話調査，全国18歳以上の男女1659人，有効解答率63.7%）では「あなたは，参議院選挙で投票を判断するうえで，最も重視する政策は何ですか？　次の8つから1つ挙げてください」として，経済対策（33%），年金・社会保障制度（30%），外交・安全保障（8%），憲法改正（8%），原子力発電問題（7%），消費税率引き上げ再

延期の是非（7%），TPP・貿易自由化拡大（1%），その他（0%），わからない・こたえない（6%）を挙げている（テレビ朝日 2016）。

NHK が参院選後の 9 月に実施した世論調査【NHK 調査】では「あなたが投票するにあたって，重視した課題はどれでしょうか。あてはまるものをいくつでも選んで○をつけてください」として，年金や医療などの社会保障対策（41.2%），景気・雇用対策（33.5%），財政再建の取り組み（24.9%），消費税を含む税制改革（24.1%），政治とカネの問題（23.0%），子育て支援や少子化対策（20.5%），外交・安全保障政策（18.5%），原子力発電などのエネルギー政策（17.8%），憲法改正問題（15.8%），震災復興の取り組み（14.1%），国の事業見直しなどの行政改革（11.8%），地球温暖化対策（11.1%），経済格差の問題（12.5%），奨学金などの教育政策（7.2%），農業・畜産政策（7.0%），特にない（5.3%），その他（0.8%）を挙げている（河野・荒牧 2017）。

すべての調査において「科学技術政策」と名づけられた項目はない。もちろんこれをもって「科学技術政策」はまったく議題として挙がっていないと結論するのは早計であろう。科学技術政策と関連しうる項目として，教育政策，原発・エネルギー政策，環境（地球温暖化）対策などを挙げることができる。しかしながら，科学技術政策は教育政策と関連する部分は多い一方で，やはり教育政策に還元できない部分があるだろう。たとえば，NHK 調査の場合「奨学金などの教育政策」と項目が作られているため，むしろ，科学技術政策との関連は薄れてしまっているように思われる。また，エネルギーや環境の項目は科学技術政策の一部であり，必ずしも科学技術政策を争点として取り出す指標にはならないと思われる。実際，後述するように政党の提示する公約（政策集）では，エネルギーや環境は，科学技術政策とは別の政策項目として独立して取り上げられている。

以上より，少なくとも 2016 年参院選において，マスメディアは「科学技術政策」それ自体を〈広義の争点〉として議題設定していないと結論しておく。先の表に対応させるのならば，状況 C のパタンであった。そして，この結果より，先に示した〈Q1〉科学技術政策はそもそも選挙において「解決すべき

あるいは達成すべき社会的政治的課題」(〈広義の争点〉) となっているのか〉，についての答えは，マスメディアについては「〈広義の争点〉とはなっていなかった」となるだろう。

　では有権者についてはどうだろうか。実のところ，有権者が科学技術政策を〈広義の争点〉とみなしているかどうかを，先の世論調査の結果を用いて確かめることは「因果の方向が交差している」ため厳密には困難である。「因果の方向が交差している」とは次のことを指している。アジェンダセッティングの観点から捉えれば，有権者である回答者は，そもそも調査項目に科学技術政策が入っていないため，科学技術政策に回答することができず，代わりに社会保障や経済政策を重視すると答えている可能性がある。つまり，有権者は科学技術政策を〈広義の争点〉とみなしている一方で，世論調査に項目がないため結果が現れない可能性がある。そして，メディアはこの結果を受けて「有権者は科学技術政策を選挙の争点と評価してない」と判断し，「科学技術政策」を世論調査の項目から外しているという可能性は捨てきれない。

　ただし【NHK調査】【朝日調査】にある「その他」の項目を確認すると，ポイントがほとんどついていないことがわかる。「その他」の項目に「科学技術政策」が含まれているとみなすことができるのならば，もし仮に「科学技術政策」の項目があったとしても，そのポイントはそれほど大きくないだろうと予想することは合理的であると言えるだろう。

　また，マスメディアの調査項目に挙がっている，エネルギーや環境についての政策，教育政策の項目が，科学技術政策の代替項目となりうると仮定してみる。この場合，これらの項目は社会保障や経済政策と比べて相対的にポイントが低いことがわかる。そのため，有権者は社会保障や経済対策に比べ科学技術政策を〈広義の争点〉として評価していないと予想することは，大きく的を外しているとはいえないと思われる。

　以上より，Q1) については，少なくとも 2016 年の参院選については，マスメディアは科学技術政策を〈広義の争点〉としておらず，有権者についても「科学技術政策を社会保障や経済対策ほど〈広義の争点〉として重視していな

かった」と結論しておく。

4．各政党は科学技術政策を〈争点候補〉として提示していたか？

　前節では，マスメディアの世論調査項目を確認し「科学技術政策」は選挙の重点項目として項目が立てられていないことを確認した。このような結果が生じたのは，そもそも各政党が公約に科学技術政策を取り上げていないからではないだろうか？　本節は，前節で示した〈Q2）科学技術政策に対して各政党は「課題解決の目標と対策」を公約で示しているか〉を中心に検証を行う。第1に，Q2）について2つの予想を立て，その予想の内容を示す。第2に，提示した予想に沿って，各政党の公約に「課題解決の目標と対策」〈争点候補〉が示されているかを確認する。

4-1　予想の提示

　ここでは，マスメディアと有権者も科学技術政策を〈広義の争点〉として重視していなかった理由として，2つの予想を提示する。

　　予想1）各政党は「科学技術政策」を選挙公約の項目に設定していないのではないか
　　予想2）各政党は「科学技術政策」を選挙公約に設定している一方で，各政党の政策には違いがないのではないか

　予想1）は，そもそも政党の選挙公約に科学技術政策が入っていない，すなわち政党は科学技術政策を「解決すべきあるいは達成すべき社会的政治的課題」と捉えていないため，科学技術政策はマスメディアおよび有権者にとっても〈広義の争点〉とならなかったとする予想である。
　対して，予想2）は，政党は公約に科学技術政策を挙げ，それに対して「課

題解決の目標と対策」を立てている。すなわち政党の公約において科学技術政策は〈広義の争点〉となっており〈争点候補〉も挙げられている。しかし，〈争点候補〉となる科学技術政策案が政党間で違いがないため，それぞれの「課題解決の目標と対策」は〈狭義の争点〉として機能しなかったのではないか。そのため科学技術政策はマスメディアおよび有権者にとって〈広義の争点〉とならなかったとする予想である。

この2つの予想を，2016年の参院選の各政党の公約を用いて確認する。予想1）と2）の検証結果をまとめると表2-5のようなインプリケーションが得られる。パタンCの場合に〈Q3）各政党が示した〈狭義の争点〉は蒲島の指摘した〈争点評価の条件〉および〈争点が選挙の結果に重要な影響を及ぼすための3条件〉を満たしているか〉について考察を進めていくことにする。

表2-5 予想から得られるインプリケーション

	予想1)	予想2)	インプリケーション
パタンA	○	ー	政党は科学技術政策を「解決すべきあるいは達成すべき社会的政治的課題」と捉えていない
パタンB	×	○	政党は科学技術政策を「解決すべきあるいは達成すべき社会的政治的課題」と捉えており「課題解決の目標と対策」を公約を示しているが，その政策案に違いが見られない
パタンC	×	×	政党は科学技術政策について「課題解決の目標と対策」を公約で示しており，かつその政策には違いが見られる

4-2 予想1）の検証

最初に，〈予想1）各政党は「科学技術政策」を選挙公約の項目に設定していないのではないか〉について検証する。

この予想の検証については，榎木の先行研究が参考になる（榎木 2014, 2016）。榎木（2016）は，自由民主党（自民党），公明党，民進党，日本共産党（共産党），おおさか維新の会，社会民主党（社民党），生活の党と山本太郎となかまたち（生活の党），日本の心を大切にする党，緑の党，以上9政党の2016年参院選の選挙公約に，科学技術政策に関する記載があるかどうかを調べ，選

挙公約で科学技術政策に触れているのは，自民党，公明党，民進党，共産党の4政党であると結論している。本章では，この榎木の調査結果に加えて，2016年の参院選に候補者を擁立した新党改革，国民怒りの声，幸福実現党，支持政党なし，減税日本，世界経済共同体党，維新政党・新風，チャレンジド日本，地球平和党，犬丸勝子と共和のウェブページを確認し科学技術政策の記載があるかを調べた（2017年7月18日時点）。この中では唯一，幸福実現党が，未来産業振興として，未来産業（航空・宇宙産業，防衛産業，ロボット産業など）への投資，科学技術の振興を図ること，宇宙開発への積極的取り組みを挙げていた[5]。つまり，そもそも半数以上の政党が選挙公約で科学技術政策を取り上げていないことがわかる。この結果を踏まえると，科学技術政策は政党の公約水準においても〈広義の争点〉として提示されにくいことがうかがえる。

　一方，2016年参院選の獲得議席数（かっこ内）との関係を確認すると，自民党（56），民進党（32），公明党（14），共産党（6），おおさか維新の会（7），社民党（1），生活の党（1），無所属（4）となり，科学技術政策を公約に入れている自民党，民進党，公明党，共産党で合わせて，108議席（改選定数121）を確保していることがわかる。つまり，選挙で議席を確保できるような支持基盤を持っている政党は，公約に科学技術政策を入れていることがうかがえる。科学技術政策を公約の項目として提示するためには，政党内に政策立案を行うための基盤が必要になるのかもしれない。

　以上の結果を踏まえ，予想1）については，政党が科学技術政策を選挙公約の項目に設定していなかったとは言い切れないと結論しておく。

4-3　予想2）の検証 各政党の科学技術政策に違いはないのか？
各政党の科学技術政策の概要

　先の予想1）について，自民党，公明党，民進党，共産党そして幸福実現党が科学技術政策を選挙公約の項目に入れていることを確認した。次に，これらの政党の科学技術政策の内容を確認することで〈予想2〉各政党は「科学技術政策」を選挙公約に設定している一方で，各政党の政策には違いがないのでは

ないか〉について検証を行う。本章は上記の中でも特に 2016 年の参院選で議席を獲得した，自民党，公明党，民進党，共産党の 4 政党を検証対象として設定する。

4-3-1 民進党

　民進党は公約として『国民との約束 人からはじまる経済再生。』（民進党 2016a）および『民進党政策集 2016』（民進党 2016b）を出している。前者には科学技術政策についての項目はない。しかし，後者には民進党が掲げる科学技術政策として 8)「文部科学」と 20)「内閣（科学技術）」の大項目に，【1）大学の研究力強化】【2）世界最先端の研究基盤の整備・共用の推進】【3）研究者の処遇改善（理系カリキュラム改善・テニュアトラック制による若手研究者支援・研究補助員の配置）】【4）女性研究者支援】【5）本格的な再生医療を実現するため iPS 細胞などの研究に対して集中的な支援】【6）研究開発型の独立行政法人の研究開発成果を最大化するための制度構築・運用改善】【7）イノベーション（技術革新）を促す基礎研究成果の実用化環境を整備】【8）国際リニアコライダーの研究拠点の日本誘致】の 8 つを掲げている（民進党 2016b, 43, 88）。

　また，大項目 4）の経済成長・経済政策の項目には「科学技術イノベーション・情報通信」の見出しがあり，【1）リーディング大学院の拡充他，産学官の知識を結集して世界トップレベルの研究開発及び成果の還元を推進し技術革新を促進する】【2）民間企業と大学，国立研究所などの外部連携】【3）ロボットや IoT，人工知能への対応】【4）基礎研究の強化】の 4 点を掲げ，「最重点施策」として，遠隔医療の推進，自動運転の推進，ICT の地域並びに防災・減災対策への活用，IoT・ビッグデータ・人工知能時代への対応，教育の ICT 化を挙げている（民進党 2016b, 10）。

4-3-2 共産党

　共産党は『2016 参議院議員選挙／各分野の政策』の 36)「大学改革・科学・

技術」の項目に，1) 大学改革と，2) 科学技術振興策の 2 項目を掲げている（日本共産党 2016）。前者については【1) 大学運営のための基盤経費の増額】【2) 奨学金制度，若手研究者採用・待遇改善】【3) 大学の自治と民主主義の保証】を挙げ，後者については【1) 基礎研究の重視（総合的な科学技術の振興計画の確立・軍学共同への反対他）】【2) 公正な研究費配分と研究不正の根絶】【3) 産学連携の健全な発展】【4) 女性研究者の地位向上】を挙げている。

　特筆する点は，共産党の「軍学共同研究」に対する反対意見の表明である。同党は「軍学共同に反対，科学・技術の利用は非軍事と「公開，自主，民主」の原則で」として，a) 大学や公的機関が防衛省と研究協力したり，軍事機関から資金提供を受けたりすること，ならびに b) 科学・技術を軍事利用することは，憲法の平和原則に反し「学問の自由」を脅かすため禁止すべきとする。具体的には推進制度の廃止，軍事に転用できる技術の公開制限や秘密特許の導入への反対，宇宙基本法や原子力基本法の「安全保障」条項の削除を挙げている [6]。

4-3-3　公　明　党

　公明党は『参院選 重点政策』の経済政策に含まれる項目 8) 科学技術・文化芸術・スポーツ中に示された 6 つの公約の 1 つとして「AI（人工知能）や IoT 等の研究開発を推進する」と掲げている（公明党 2016, 6）。

4-3-4　自　民　党

　最後に自民党の科学技術政策である。自民党の『総合政策集 2016 J-ファイル』（自由民主党／政策調査会 2016）は，18 の大項目として以下，1) 経済再生，2) 財政再建，3) 資源・エネルギー，4) 女性活躍，5) 地方創生，6) 中小企業・小規模事業者，7) 地域の活性化，8) 農林水産業，9) 震災からの復興，10) 原子力災害からの復興，11) 治安・テロ対策，12) 国土強靱化，13) 社会保障制度の確立，14) 環境，15) 教育再生，16) 外交・防衛，17) 行政・政治改革，18) 憲法，を掲げている（ナンバリングは筆者による）。大項目に「科学

技術政策」は入っていない。しかし，大項目1）経済再生の中に，小項目【43「科学技術イノベーション」による国づくり】が入っている。そこには「科学技術イノベーション政策を抜本的に強化」とあり「安保・外交，経済・財政，規制改革等を総合戦略的な科学技術イノベーション政策」と位置づけるとある。

　このような自民党の「科学技術イノベーション政策」には，他の政党の科学技術政策と異なる特徴がある。

　1点目，自民党の「科学技術イノベーション政策」が，大項目1）の経済再生の1つとして示されている点である。ほかの政党は「科学技術政策」をどのような政策カテゴリとして示しているのかを再確認すると，共産党の科学技術政策は「大学改革・科学・技術」の項目に，公明党は「科学技術・文化芸術・スポーツ」の項目に，民進党の場合は経済成長・経済政策の項目に「科学技術イノベーション・情報通信」の見出しがある一方で，文部科学と内閣（科学技術）の項目に「科学技術政策」として記している。このように，ほかの政党が科学技術政策を文部科学省の担当する政策に対応させているのに対して，自民党は「科学技術イノベーション政策」を，経済政策に位置づけている点に大きな特徴があると言えるだろう。

　1）経済再生の項目には【44 科学技術政策の強力な推進力となる「司令塔」機能の強化】【45 未来社会創造に向けた取組みの推進】【46 学術研究・基礎研究の振興や若手研究者の育成等の基盤強化】【47 研究開発力の強化】【48 経済的・社会的・国家的な重要課題への対応】【49 持続的なイノベーションの創出に向けたシステム改革】【50 国の経済成長と安全保障の基盤となる基幹技術の推進】【51 科学技術外交の戦略的展開】と「科学技術イノベーション政策」の総論が示されている。

　そして具体的な研究領域として【52～60】は宇宙開発，【61】に北極域，【62】に次世代航空機，【63～84】は ICT および IoT（Internet of Things），【85・86】には G 空間情報（地理空間情報）を掲げている[7]。つまり，自民党の政策において大項目1）経済再生（【1】～【86】）の後半半分は「科学技術イ

ノベーション政策」関連項目が占めているのである。

　2点目，自民党の「科学技術イノベーション政策」には，安全保障の項目が明示的に含まれている点である。このことは，他の政党の科学技術政策にはない特徴であると言える。先に示した【48 経済的・社会的・国家課題への対策】において「宇宙空間や海洋・サイバー空間，テロ・災害対策も含めた国家安全保障への対応を強化」するとして「米国の国防高等研究計画局（DARPA）を参考に，国家安全保障に関する研究が先端的・挑戦的な研究開発を牽引し，成果が社会に還元されていることを踏まえ，わが国でも技術の多義性や両義性（いわゆるデュアルユース性）も念頭に，研究開発支援（ハイリスク研究支援）を強化」としている。そして，このための制度として革新的研究開発支援プログラム（ImPACT）を位置づけている。

　また【50 国の経済成長と安全保障の基盤となる基幹技術の推進】には，大きな開発リスクがあるため民間企業では対応が難しく，総合的な安全保障を含め国の存立基盤を確固にし，産業競争力の維持・発展，安全・安心な社会の実現に寄与するため「国自らが戦略的かつ長期的視点に立って」研究開発を推進する技術として，自然災害観測・予測・対策技術，海域監視・観測技術，海洋資源調査技術，宇宙探査技術，次世代ロケット・衛星技術，核融合技術，次世代スーパーコンピューター開発・利用技術，気候変動高精度予測・影響力評価技術を挙げている。

　大項目16）外交・防衛に含まれている【428 技術的優越の確保と防衛生産・技術基盤の維持・強化】には「技術の多義性（デュアルユース性）も念頭に，安全保障関連技術に関して政府全体を統括する司令塔を設置する……各種研究機関の連携強化や研究開発ファンドの大幅拡充等により，基礎研究の成果や優れた民生技術の活用を推進し，自主的な先端技術・防衛装備品等の開発研究を拡充・強化」とある。これに関連して【429】ではG空間情報による国土強靭化，【430】では安全保障に資する宇宙利用の促進が示されている。

4-4 予想2) の検証 各政党の科学技術政策に違いはないのか？
各政党の政策比較

第2に、上に挙げた自民党、公明党、民進党、共産党の科学技術政策の内容を比較してみる。その際に、次の手順で政策の比較・整理を行う。1) 自民党を除いた、公明党、民進党、共産党の科学技術政策の項目を網羅的に列挙する。2) 上記3政党の科学技術政策を比較する。その際、ある政党の科学技術政策で挙げられている内容が、他の2政党の科学技術政策以外で挙げられていないかを確認する。たとえば、民進党の科学技術政策に掲げられている「国際リニアコライダー計画の日本誘致」は、公明党において経済政策に含まれる「2) 成長戦略」の中で取り上げている。そして、3) 2) で整理した3政党の

表2-6 自民党、公明党、民進党、共産党の科学技術政策

	民進党	公明党	共産党	自民党
高等教育	大学研究力強化、リサーチユニバーシティ（研究大学）リーディング大学院	高度専門人材他を養成するため大学の学びの充実化	大学教育の充実	「指定国立大学制度」【49】大学ビッグバン【384】
				「卓越大学院」【390】
	運営費交付金の維持増額		国立大学関係予算（運営交付金）の増額	運営費交付金など基盤経費の確実な措置【46】【389】
			私学助成金	インセンティブとしての私学助成金【389】
			大学間の偏った予算配分の見直し	競争的資金の制度改善【46】「スーパーグローバル大学」【355】
			年俸制・任期制の導入見直し	年俸制やクロスアポイントメントの導入【384】
			博士課程・ポスドクへの経済支援	博士課程学生への経済支援【366】
奨学金	大学授業料減免と奨学金制度改革	返済不要の「給付型奨学金」の創設	授業料半減・奨学金制度	「所得連動返還型奨学金」導入と新たな「給付型奨学金」の創設【366】
大学自治			大学の自治と民主主義を保障	
産官学連携	民間企業と大学、国立研究所などの連携		産学連携健全な発展	「イノベーション・ナショナル・システム」の構築【49】
グローバル	世界最先端の研究基盤の整備・共用			「世界トップレベル研究拠点プログラム（WPI）」【46】
理系カリキュラム	理系カリキュラム改善			
若手・女性研究者支援	テニュアトラック制による若手研究者の支援		テニュアトラック制による若手研究者支援	
	研究補助員の配置			
		若手や女性の研究者等が活躍できる環境を整える	若手研究者の雇用改善	若手研究者の活躍促進【391】
	女性研究者の研究環境の整備	若手や女性の研究者等が活躍できる環境を整える	女性研究者の地位向上、研究条件の改善	女性研究者のライフイベントに配慮した研究資金、雇用、人事制度【106】
				「卓越研究員制度」による優秀な若手研究者の育成・確保【46】
				「リケジョ」支援【106】

第2章　科学技術政策は国政選挙の争点となっていたのか？　53

	民進党	公明党	共産党	自民党
研究開発法人	研究開発型の独立行政法人について研究開発成果を最大化するための制度構築			国立研究開発法人の基盤的経費の充実、「特定国立研究開発法人」創設【49】
イノベーション		科学技術イノベーションによる地方創生	中小企業・地域に密着したイノベーション	地域発のイノベーション創出【49】
				「戦略的イノベーション創造プログラム（SPI）」の推進【44】
				「革新的研究開発プログラム（ImPACT）」の取り組み
基礎研究	イノベーションを促す基礎研究成果の実用化環境の整備	画期的成果を生み出す基礎研究・学術研究の推進	基礎研究の重視	イノベーションの源泉となる学術研究・基礎研究の強化【46】
具体的な研究テーマ	国際リニアコライダー計画の研究拠点日本誘致	国際リニアコライダー計画の研究拠点日本誘致		国際リニアコライダーに向けた研究の主導的取り組み【44】
	自動運転の推進	自律型モビリティシステムの推進		自動隊列走行【64】
	IoT・ビッグデータ・人工知能時代への対応	IoT 人工知能ビッグデータの研究開発推進		IoT 人工知能ビッグデータの研究開発【45】
	本格的な再生医療のため iPS 細胞などの研究に集中的な支援	再生医療の安全性確保と推進		iPS 細胞研究へ日本の主導的な取り組み【44】
	ICT 教育			ICT 教育【355】
予算			科学研究費補助金の増額	研究開発投資 26 兆円【43】
				イノベーション促進に向けた税制改革【49】
研究不正防止	研究不正防止		研究不正防止	研究不正防止【43】
軍学共同研究	軍学共同研究		軍学共同研究に反対	技術的優越の確保と防衛生産・技術基盤の維持・強化【428】

（出所）自民党は『総合政策集 2016J-ファイル』、公明党は『参院選重点政策』、民進党は『民進党政策集 2016』、共産党は「2016 参議院議員選挙／各分野の政策」より筆者作成。

　科学技術政策を、自民党の提示する科学技術イノベーション政策と比較する。表2-6は、上記の手続きを踏まえて作成したものである。

　表2-6より、次のことが言えるだろう。第1に、自民党の公約が、4政党の中でもっとも詳細に科学技術政策の内容について言及しており、結果として野党の提示するそれを含み込んだ、網羅的なものになっていることである。この理由として、自民党の公約が、現在の科学技術政策の軸となっている第5期基本計画に準じていることを指摘できるだろう。

　第2に、科学技術政策のアウトカム（達成目標）については、総じて各政党に大きな差はないと言えそうである。すべての政党は共通して「大学の研究力向上」「産官学の連携」「若手・女性研究者支援」「イノベーション推進」「基礎研究の充実」を科学技術政策の達成目標として掲げている。

　「大学の研究力向上」について見ると、高等教育に関する政策について自民

党が指定国立大学制度，卓越大学院を構想しているのに対して，民進党はリサーチユニバーシティ（研究大学），リーディング大学院を掲げている。また奨学金制度改革については，表にあるように内容は政党によって若干異なっているものの，すべての政党が奨学金制度を充実させることについて共通して言及していることがわかる。

　「産官学の連携」については，民進党，共産党，自民党に連携の推進についての記載がある。「若手・女性研究者支援」についても，すべての政党が力を入れていくことを表明している。具体的な研究重点領域としては，民進党，公明党，自民党が，それぞれ国際リニアコライダーの研究誘致，自動運転開発，IoT・ビッグデータ・人工知能の研究開発推進，再生医療を挙げている。

　このように科学技術政策の達成目標については，各政党の政策案は共通しており大きな違いはないように思われる。この点については，2016年の参院選で「自共対決」のスローガンを掲げた共産党の政策案も，自民党を含めたほかの政党のそれと基本的には変わらない。一例を挙げてみよう。共産党は，イノベーションの推進について，政策集において「大企業のためのイノベーションから中小企業を中心にした多面的なイノベーション，地域に密着したイノベーションに支援の重点を移します」と述べている。ここから次の2つのことを指摘できる。まず1つ目に「多面的なイノベーション，地域に密着したイノベーションに支援の重点」を移すというように，共産党は「イノベーション」それ自体を否定・批判しているわけではない。つまり「イノベーションの推進」については，共産党の政策案は自民党を含めた他の3政党と変わらない。

　一方，2つ目に共産党が提示する「地域に密着したイノベーション」は，実のところ公明党，自民党ともに政策として掲げている。つまり，共産党と与党の間で，政策の達成目標としてイノベーションの推進を見るかぎり，大きな対立点があるとは言い切れないのである。

　以上より，各政党が提示する科学技術政策のアウトカムについては，予想2）は妥当すると結論することができるだろう。科学技術政策の達成目標（「大学の研究力向上」「産官学の連携」「若手・女性研究者支援」「イノベーションの推進」）

は，選択肢が1つしかない争点である合意争点（valence issue）にあたるといえる（蒲島 1986, 238）。この結果は，先の表2-5のパタンBに対応する。つまり，政党は科学技術政策を公約として示しているが，そのアウトカムに注目するならば，その内容に違いがあるとは言い切れないようである。

第3に，ではアウトカムを達成するための手段としての政策についてはどうであろうか。政策としては達成目標が同じだとしても，その手段が違えば内容は異なるものになるとも言える。政党間で異なる公約が示されているのは，大学の研究力向上のための手段にあたる「運営費交付金」と「競争的資金」の取り扱いである。民進党と共産党は，運営費交付金の維持増額を挙げる一方で，自民党は減額も視野に入れた「基盤経費の確実な措置」を掲げている。競争的資金について，共産党は「偏った予算配分の見直し」を示す一方で，自民党は競争的資金の制度を改善することで，より「選択と集中」を行うことを挙げている。

また，共産党は，先に見たように政策上のアウトカムについては自民党の政策と同じ方向に進む一方で，目標を達成するための手段に関する政策については自民党の政策を網羅的に批判し，異なる対案を出している。共産党が自民党の科学技術イノベーション政策を批判する点は，大きく2点ある。1つは「選択と集中」の是正である。たとえば，先に挙げた共産党のイノベーション政策は，与党のイノベーション政策を「大企業のためのイノベーション」とラベリングし，その偏りを是正することを挙げている。

そして，共産党の公約に特徴的なもう1つの批判点は「軍学共同研究への反対」である。この点について再度確認しておく。基本計画において「国家安全保障のための科学技術」が登場するのは，2011年に民主党政権下で策定された第4期基本計画からである。現在，自民党政権下で進められている推進制度やデュアルユース技術の活用は，民主党が敷いたレールの延長線にあるとも言えるだろう。つまり，共産党の提示する「軍学共同研究への反対」は自民党の「科学技術イノベーション政策」にある，安全保障の項目と対立するだけではなく，民進党の立場とも対立する〈争点候補〉になりうるのである。

このように，科学技術政策の目標を達成するための手段としての政策について見るならば「運営費交付金」「競争的資金」については政党によって公約に違いがあること，共産党については自民党の「選択と集中」「軍学共同研究」に対して批判が示されていることを確認することができる。以上より，手段としての政策については，予想2）は妥当しないと結論することができるだろう。この結果は，先の表2-5のパタンCに対応している。

各政党の公約から科学技術政策を確認し〈争点候補〉を洗い出した結果を要約すれば「科学技術政策についての目標や達成目標については各党の政策に大きな違いはない，一方そのための手段のあり方については一部異なる点がある」となる。つまり，科学技術政策は典型的な総論賛成・各論反対の構造になっていると言えるだろう。それでは，与党と野党で異なる政策案が挙げられている「運営費交付金」「競争的資金」，そして共産党の指摘する「選択と集中」「軍学共同研究」への反対は〈狭義の争点〉になりうるのだろうか。次節では，〈Q3）各政党が示した〈争点候補〉は〈争点評価の条件〉および〈争点が選挙の結果に重要な影響を及ぼすための3条件〉を満たしているか〉について考察を進める。

5．手段に関する政策の違いは，〈争点評価の条件〉を満たしているか？

前節では，各政党の科学技術政策についての公約を調べ，1）科学技術政策のアウトカムについては，政党間で差がないこと，一方，2）アウトカムを達成する手段に関する政策は「運営費交付金」「競争的資金」について政党間で違いがあること。および，共産党が自民党の政策の「選択と集中」「軍学共同研究」に反対していることを明らかにした。それでは，この4項目は，蒲島の指摘した〈争点評価の条件〉および〈争点が選挙の結果に重要な影響を及ぼすための3条件〉を満たしているのだろうか。

表2-3中の5項目のうち〈A-2）政党はその争点に関してAかBか，ある

第 2 章　科学技術政策は国政選挙の争点となっていたのか？　57

いは無差別かの立場を明確にすること〉〈B-3) 争点に対する政党の立場が有権者から見て明確であること〉の 2 条件は，前節の〈争点候補〉の確認において条件を満たしていることを確認できたと考える。本項は，残りの A-1)，B-1)，B-2) について検討する。

5-1　A-1) 有権者はある争点についてAとBの選択肢がある場合，そのどちらかを選好する

　運営費交付金を「維持増額」（民進党・共産党）するか「基盤経費の確実な措置」（自民党）するかについては，有権者はどちらかを選ぶことができる。ただし，この 2 つの選択肢は必ずしも排他的なものではないことに注意すべきである。自民党の運営費交付金についての政策案は，その文言を見る限り「減額」もありつつも，民進党・共産党の主張する「維持増額」を含むものとも解釈できる。ゆえに，運営費交付金が減額されたとしても利害に影響のない有権者は，どちらの選択肢を選ぶことができる。

　また「競争的資金」ならびに「選択と集中」については，それが研究力を向上させる手段であるならば，その目的を達成する限りにおいて，どちらかを選好するというよりも「どちらでもよい」「程度による」と答えることができるだろう。そして「競争的資金」を改善してより「選択と集中」を強化することと，「選択と集中」を是正すること，どちらが目的である研究力を向上させることに有効であるかは，多くの有権者にとっては分かりかねるのではないだろうか。すなわち「運営費交付金」「競争的資金」「選択と集中」については，有権者は選択肢のどちらかを選ぶとは言い切れないのではなかろうか。

　一方「軍学共同研究」は，これらと質が異なる項目のように思われる。「運営費交付金」「競争的資金」そして「選択と集中」はいわゆる，お金の配分の程度にかかわる争点であるのに対して，「軍学共同研究」は「軍学共同研究を行うかどうかの是非」を問う二値の排他的な事項を扱っていると解釈することができる。また「軍学共同研究」の是非は日本国憲法に記載された平和主義に関連する理念的な側面が含まれる選択項目（「軍学共同研究を行うべきかどうか」

の問い)であると捉えることもできそうである。この場合，有権者の持つ理念(価値)により「軍学共同研究」についての賛否が分かれることで，どちらかの選択肢が選好されることになりうるかもしれない。つまり「軍学共同研究」の賛否は，他の「運営費交付金」「軍学共同研究」そして「選択と集中」とは異なり，科学技術研究の理念的な部分を含むため「軍学共同研究への賛成・反対」のどちらか一方の選好が示しやすいのではないだろうか。

　もちろん，理念の選択であるからといって有権者は必ずしもどちらかを選好するとは言えない。「軍学共同研究」を含めた他の〈争点候補〉について「〈争点候補〉について意見は特にない，ゆえにどちらでもかまわない」あるいは「〈争点候補〉について関心がない，そのためどちらを選んでよいかわからない」と答える有権者がいると予想することは妥当であろう。これらは対偶をとって言い換えれば「どちらでもかまわないとはいえないのは，〈争点候補〉について意見があるからだ」「どちらかを選べるのは，〈争点候補〉についての関心があるからだ」となるだろう。とすると，〈A-1) 有権者はある争点についてAとBの選択肢がある場合，そのどちらかを選好する〉については，選択肢についての有権者の「関心」や「意見」と関連していると予想できる。つまりA-1) は，〈B-1) ある争点について，多くの有権者が意見を持ち，関心をもっていること〉の条件に依存すると言えるのではないだろうか。

5-2　B-1) ある争点について，多くの有権者が意見を持ち，関心をもっていること

　ある政策について有権者が意見や関心を持つかどうかについて，2つの要因があると予想する。1つには，当該の政策が有権者自身の利害や生活の改善にどの程度関連するかによるのではないか。つまり，当該の政策案が有権者の利害に直接かかわるのならば，それぞれの有権者はその政策案について，より意見や関心を持つ傾向があると言えるのではないだろうか。そして，もう1つには，政策が有権者の持つ，あるべき社会のあり方に関わる理念に関連するのではないか。

これらの予想に従い，それぞれの〈争点候補〉を確認してみる。すると「運営費交付金」は国立大学法人になんらかの利害関係のある者，「競争的資金」については主に研究者が，それぞれ直接の利害関係者になりうると予想できる。この場合，政策によって影響を受ける有権者が，ほかの政策（たとえば，社会保障や消費税など）に比べて相対的に見て限定的と言えるだろう。加えて科学技術研究の「選択と集中」については有権者の直接的な利害に結びつくことを想像することは難しい。このようなことから「運営費交付金」「競争的資金」そして「選択と集中」については，多くの有権者が意見や関心を持つとは言えないのではないだろうか。

　それでは「軍学共同研究」についてはどうか。直接的な利害の面から考えれば，この政策はある一部の研究者にかかわるものであろう。しかしながら，先に示したように「軍学共同研究」を日本国憲法の平和主義に関連する理念的側面が含まれているとして捉えた場合，その理念は多くの有権者に関連するものであると考えてもよいかもしれない。

　実際，川本は，軍民両用研究としてのデュアルユース研究に対する市民の意識を，公的統計の二次分析から明らかにすることを試み，その調査の限定性について留保しつつ，1）ほとんどの市民は，科学技術には用途両義性があると考えている，2）防衛問題やテロへの関心は長期的な傾向として高まっている，3）法的な規制や制度によって，科学技術の誤用・悪用（用途両義性）を防ぐことを期待している，ことを示している（川本 2016, 138）。この結果によるならば，少なくない有権者は，科学技術が軍事利用されることについて，なんらかの関心を持っていると言えるのではないだろうか。

5-3　B-2）争点に対する有権者の意見の分布が一方に偏っていること

　結論から述べれば「運営費交付金」「競争的資金」「選択と集中」そして「軍学共同研究」については，有権者の意見の分布が一方に偏っているとは言い切れないだろう。「軍学共同研究」については，先の川本（2016）が，デュアルユース研究に対するシンポジウムの参加者に「大学や研究機関が，安全保障関

係の機関が提供する研究費をうけることの是非」を問い（回答票65票），賛否が二分されたことを示している（肯定・条件付肯定 35.4%，わからない 14.2%，否定・条件付否定 38.4% 無回答 4.6%）。もちろん，関心が高く予備知識を持っているシンポジウムの参加者を対象とした調査であることに留意しなければならないが，有権者の意見の分布を考える上で参考となる調査結果であろう。

このことは逆を言えば「軍学共同研究」について，有権者の意見の分布が割れることで選挙の結果に重要な影響を与えうる〈狭義の争点〉とならないがゆえに，大きな批判もなく自民党の科学技術政策において「技術の多義性（デュアルユース性）も念頭に，安全保障関連技術に関して……先端技術・防衛装備品等の開発研究を拡充・強化」が示され「安全保障政策のための科学」がイノベーションの名の下に推進される結果になっているとも言えるのではないだろうか。

以上のことより，科学技術政策の〈争点候補〉であった「運営費交付金」「競争的資金」「選択と集中」そして「軍学共同研究」は，蒲島の言う〈争点評価の条件〉および〈争点が選挙の結果に重要な影響を及ぼすための3条件〉を完全に満たすものではないと言うことができるだろう。

6．まとめ

これまでの議論をまとめておく。本章は問い「日本の科学技術政策は国政選挙の争点となっていたのか？」を提示し，2016年の参院選を事例に検討をした。「解決すべきあるいは達成すべき社会的政治的課題」を〈広義の争点〉，「それぞれの政党が公約として提示した課題解決の目標と対策の比較」を〈争点候補〉とした。そして〈争点候補〉が蒲島の指摘した〈争点評価の条件〉を満たしているかを確認した。

〈Q1〉科学技術政策はそもそも選挙において「解決すべきあるいは達成すべき社会的政治的課題」（〈広義の争点〉）となっているのか〉について，マスメディアの世論調査を調べた。その結果，マスメディアは科学技術政策を世論調

査に挙げていないことがわかった。この結果より，マスメディアおよび有権者は科学技術政策を〈広義の争点〉にしていないと結論した。

ではなぜ科学技術政策は2016年の参院選で〈広義の争点〉とならなかったのだろうか。その理由として〈Q2) 科学技術政策に対して各政党は「課題解決の目標と対策」を公約で示しているか〉を確認した。その結果，科学技術政策の達成目標（「大学の研究力向上」「産官学の連携」「若手・女性研究者支援」「イノベーション推進」「基礎研究の充実」）については，政党間で大きな違いが見られないことが示された。一方，目標達成の手段の水準では「運営費交付金」「競争的資金」「選択と集中」「軍学共同研究」の点で違いが見られた。

次に「運営費交付金」「競争的資金」「選択と集中」「軍学共同研究」について〈Q3) 各政党が示した「課題解決の目標と対策」は蒲島の指摘した〈争点評価の条件〉および〈争点が選挙の結果に重要な影響を及ぼすための3条件〉を満たしているか〉を確認した。結果として，これらの〈争点候補〉は必ずしも蒲島の指摘した争点評価の条件を満たしているとは言えないことを示した。

以上より，本章の問い「日本の科学技術政策は国政選挙の争点となっていたのか？」については，2016年の参院選において，科学技術政策は争点とはならなかったと結論することができるだろう。

では科学技術政策が選挙の争点にならなかった理由として何が考えられるのであろうか。

今回の検討で明らかになった理由の1つとして，各政党が選挙公約で提示する科学技術政策案では，達成目標に大きな違いは見られず，目標達成の手段が異なる「総論賛成・各論反対」の構造になっている点を挙げることができるのではないだろうか。

「総論賛成」となっているということは，科学技術政策の基本的な目標は各政党で共通ということである。これは裏返していうならば，政党にとって科学技術政策は，政党の特徴を示すものではなく，また，有権者にとって科学技術政策は選挙において政党を選ぶポイントにならないことを意味するだろう。このことは，冒頭で示した米国の場合と対照的である。

もちろん，日本においても，「各論」すなわち目的達成のための手段に関する政策には違いがある。しかし，有権者がこれらの手段の違いを考慮し，かつその違いを理由に政党に投票することは現実的ではないのかもしれない。有権者には科学技術政策の手段以上に，投票において考慮すべき点があると考えることは，経験的にも妥当な推論であろう。

このように，少なくとも2016年の参院選においては，科学技術政策は選挙の争点にはならなかった。これは，言い換えれば科学技術政策の〈争点候補〉の1つに挙がった「軍学共同研究」の是非について選挙では問われなかったということである。しかし，すでに確認したように，科学技術政策には「政策としての科学」の側面があり，複数の政策を関連する「横串の政策」となりうる。「軍学共同研究」は，その性質上，外交・安全保障政策や憲法改正と関連する〈争点候補〉になりうるだろう。先の選挙世論調査を確認すると，外交・安全保障政策および憲法改正はマスメディアが項目に挙げ，有権者からも経済や社会保障問題についで重視されており，〈広義の争点〉とみなすことができる。とすると，外交・安全保障政策や憲法改正と現実的にも理念的にも関連する「軍学共同研究」は，科学技術政策として提示されるがゆえに選挙の争点となることがないまま，なし崩し的に「安全保障政策のための科学」に適用されているとも言えるのかもしれない。また視点を変えれば，有権者に注目されないような科学技術政策から，外交・安全保障政策や憲法改正のような政策の内実が，実質的に変えられていっているのかもしれない。

今回の調査は，2016年の参院選を対象としたものである。科学技術政策と選挙，世論については今後も検討を続けていきたいと考えている。

　　本章は平成28年度（2016年度）科学研究費助成事業 基盤研究（C）「デュアルユース概念の科学技術社会論的検討（課題番号 16K01157）」（研究代表者 川本思心）による成果の一部である。

　　1）日本の「科学技術」概念の成立については，金子（2013），直江（2017）に詳しい。「科学技術」概念は，第2次世界大戦に向けた技術立国と総動員体制の中で作

2) Society 5.0 は「狩猟社会，農耕社会，工業社会，情報社会に続く新たな経済社会であり，サイバー空間とフィジカル空間を高度に融合させ，経済的発展と社会的課題の解決を両立し，人々が快適で活力に満ちた質の高い生活を送ることのできる，人間中心の社会」とされている（文部科学省 2017, 163）。
3) 科学技術関連予算に含まれる，国立大学の運営費交付金も，1兆2415億円（2004年度）から，1兆1123億円（2014年度）と減額が続いている（文部科学省 高等教育局 国立大学法人支援課）。
4) デュアルユース概念は「科学技術の用途両義性」（善用・悪用）と「科学技術の軍民両用性」の2つの意味を持っている（川本 2016）。本章は主に後者の意味で用いている。
5) 幸福実現党『"日本ファースト" 123の政策』https://hr-party.jp/policy/ （2017年7月18日閲覧）。
6) 2008年に制定された宇宙基本法の第三条「宇宙開発利用は…我が国の安全保障に資するよう行われなければならない」を指す。原子力基本法の「安全保障」条項は，民主党政権時代の2012年の改正時に加わったものである。この改正に合わせるように，独立行政法人宇宙航空研究開発機構法にも「安全保障」条項が付け加えられている。
7) G空間情報は，総務省が刊行した『情報通信白書（平成25年版）』によれば「位置情報，すなわち「空間上の特定の地点又は区域の位置を示す情報（当該情報に係る時点に関する情報を含む）」または位置情報及び「位置情報に関連づけられた情報」からなる情報」である。

参 考 文 献

1. 防衛省（2014）『防衛生産・技術基盤戦略～防衛力と積極的平和主義を支える基盤の強化に向けて～』
   http://www.mod.go.jp/atla/soubiseisaku/soubiseisakuseisan/2606honbun.pdf
   2017年7月4日閲覧。
2. 防衛省（2015）『防衛技術戦略～技術的優越の確保と優れた防衛装備品の創製を目指して～』
   http://www.mod.go.jp/atla/soubiseisaku/plan/senryaku.pdf
   2017年7月4日閲覧。
3. Butler, David, and Donald E. Stokes 1974 *Political Change in Britain: The Evolution of Electoral Choice, Second Edition*, St. Martin's.
4. 榎木英介（2014）「日本の科学技術政策はどうなるのか？ 各党の公約を比較してみた」
   https://news.yahoo.co.jp/byline/enokieisuke/20141212-00041334/
   2017年7月7日閲覧。

5. 榎木英介（2016）「参院選公示～各党の科学技術政策は？」
   https://news.yahoo.co.jp/byline/enokieisuke/20160624-00059129/
   2017 年 7 月 7 日閲覧。
6. 今村茜（2016）「毎日新聞総合調査 重視する政策 年金・医療トップ 27% 改憲は 2 位 13%」『毎日新聞』6 月 24 日東京朝刊内政面：5。
7. 自由民主党／政策調査会 2016（2016 年 6 月）『総合政策集 2016 J－ファイル』
   https://jimin.ncss.nifty.com/pdf/pamphlet/sen_san24_j-file_0620.pdf
   2017 年 7 月 4 日閲覧。
8. 蒲島郁夫（1986）「争点，政党，投票」綿貫譲治・三宅一郎・猪口孝・蒲島郁夫（編）『日本人の選挙行動』東京大学出版会：237-267。
9. 蒲島郁夫（1998）『政権交代と有権者の態度変容』木鐸社。
10. 金子務（2013）「日本における「科学技術」概念の成立」鈴木貞美・劉建輝（編）『東アジアにおける知的交流──キイ・コンセプトの再検討』国際日本文化研究センター：287-301。
    http://publications.nichibun.ac.jp/region/d/NSH/series/kosh/2013-11-29/s001/s027/pdf/article.pdf
    2017 年 7 月 10 日閲覧。
11. 川本思心（2016）「デュアルユース研究に対する市民の意識～シンポジウム参加者を対象とした質問紙調査と先行調査から～」『科学技術コミュニケーション』19（2016-6）：135-146。
12. 川本思心（2017）「デュアルユース研究と RRI：現代日本における概念整理の試み」『科学技術社会論学会』14（2017-11）：134-157。
13. 小林信一（2011）「科学技術政策とは何か」（国立国会図書館調査及び立法考査局編『科学技術に関する調査プロジェクト 調査報告書 科学技術政策の国際的な動向』：7-34。
    http://www.ndl.go.jp/jp/diet/publication/document/2011/201003.pdf
    2017 年 8 月 8 日閲覧。
14. 小林信一（2017）「日本の科学技術の失われた 20 年」岩波書店『科学』87-8（2017-8）：736-743。
15. 国家安全保障会議（2013a）『国家安全保障戦略』（2013 年 12 月）
    http://www.cas.go.jp/jp/siryou/131217anzenhoshou/nss-j.pdf
    2017 年 7 月 4 日閲覧。
16. 国家安全保障会議（2013b）『平成 26 年度以降に係る防衛計画の大綱について』（2013 年 12 月）
    http://www.mod.go.jp/j/approach/agenda/guideline/2014/pdf/20131217.pdf
    2017 年 7 月 4 日閲覧。
17. 国家安全保障会議（2013c）『中期防衛力整備計画（平成 26 年度～平成 30 年度）について』（2013 年 12 月）
    http://www.mod.go.jp/j/approach/agenda/guideline/2014/pdf/chuki_seibi26-30.pdf

2017 年 7 月 4 日閲覧。
18. 公明党（2016）『参院選 重点政策』
https://www.komei.or.jp/policy/policy/pdf/manifesto2016.pdf
2017 年 7 月 4 日閲覧。
19. 河野啓・荒牧央（2017）「参院選における有権者の意識～「参院選後の政治意識・2016」調査から（1）～」『放送研究と調査』2017 年 2 月：2-43。
http://www.nhk.or.jp/bunken/research/yoron/pdf/20170201_8.pdf
2017 年 7 月 7 日閲覧。
20. 民進党（2016a）『国民との約束 人からはじまる経済再生。』（2016 年 6 月）
https://www.minshin.or.jp/public-promises
2017 年 7 月 4 日閲覧。
21. 民進党（2016b）『民進党政策集 2016』
https://www.minshin.or.jp/compilation/policies2016/50081#h3_10
2017 年 7 月 4 日閲覧。
22. 文部科学省（編）（2012）『科学技術白書（平成 24 年版）』日経印刷株式会社。
23. 文部科学省（編）（2017）『科学技術白書（平成 29 年版）』日経印刷株式会社。
24. 文部科学省 科学技術・学術政策研究所 科学技術・学術基盤調査研究室 2014「科学技術指標 2014」『調査資料』229（2014-8）
http://hdl.handle.net/11035/2935
2017 年 7 月 10 日閲覧。
25. 文部科学省 科学技術・学術政策研究所 科学技術・学術基盤調査研究室 2017「科学技術指標 2017」『調査資料』261（2017-8）
http://hdl.handle.net/11035/3178
2017 年 7 月 10 日閲覧。
26. 文部科学省 高等教育局 国立大学法人支援課「国立大学法人の現状等について」
http://www.mext.go.jp/b_menu/shingi/chousa/koutou/062/gijiroku/__icsFiles/afieldfile/2014/11/10/1353375_3_2.pdf
2017 年 7 月 10 日閲覧。
27. 直江清隆（2017）「技術観のゆらぎと技術をめぐる倫理」（中島秀人（編）『岩波講座 現代 2：ポスト冷戦時代の科学／技術』岩波書店：39-66。)
28. Nature Index（2017）Japan: Vol. 543 No. 7646_supp ppS1-S40
http://www.nature.com/nature/supplements/nature-index-2017-japan/
2017 年 8 月 8 日閲覧。
29. 日本学術会議（1950）「戦争を目的とする科学の研究には絶対従わない決意の表明」（1950 年 4 月）
http://www.scj.go.jp/ja/info/kohyo/01/01-49-s.pdf
2017 年 7 月 7 日閲覧。
30. 日本学術会議（1967）「軍事目的のための科学研究を行わない声明」（1967 年 10 月）

http://www.scj.go.jp/ja/info/kohyo/04/07-29-s.pdf
2017年7月7日閲覧。
31. 日本学術会議（2017）『軍事的安全保障研究に関する声明』（2017年3月）
http://www.scj.go.jp/ja/info/kohyo/pdf/kohyo-23-s243.pdf
2017年7月7日閲覧。
32. 日本共産党（2016）『2016参議院議員選挙／各分野の政策36．大学改革・科学・技術』（2016年6月）
http://www.jcp.or.jp/web_policy/2016/06/2016-sanin-bunya36.html
2017年7月4日閲覧。
33. 小山田和仁（2016）「デュアルユース技術の研究開発～海外と日本の現状～」『科学技術コミュニケーション』19（2016-6）：87-103。
34. 白川展之（2017）「米国トランプ政権における科学技術政策と在ワシントンの関係者の認識」科学技術・学術政策研究所（NISTEP）『STI Horizon』3（2）：36-39
http://doi.org/10.15108/stih.00082
2017年7月10日閲覧。
35. テレビ朝日（2016）「報道STATION 世論調査（2016年6月調査）」
http://www.tv-asahi.co.jp/hst/poll/201606/index.html
2017年7月7日閲覧。

第 3 章
「18歳選挙権」導入の効果と今後
―― 地方レベルにおける住民投票の経験を踏まえて ――

塩沢健一

1. はじめに

　2016年夏の参議院議員選挙は，「18歳選挙権」が導入されて初めての国政選挙となった。約240万人の18・19歳が新たに有権者の仲間入りを果たし，その動向が大きな注目を集めたが，選挙権年齢の引き下げを契機として，中学・高校などの教育現場における主権者教育も盛んに行われるようになり，また，大学等のキャンパス内に期日前投票所を設置する動きも急速に広まるなど，若者と政治との関係性にも大きな変化がもたらされたと言える。
　戦後直後に20歳以上の男女に選挙権が認められて以来，70年ぶりの大きな法改正だったこともあり，18歳選挙権導入の注目度は高いものであった。他方，「未成年者の投票参加」という観点から言えば，今回の参院選以前にも大きな関心を惹いた事例は存在する。全国各地の自治体レベルで実施されてきた住民投票では，すでに多くの10代の有権者が投票参加を経験してきた。また各地の住民投票においては，10代に限らず若者の投票行動に焦点が当てられるケースが散見されてきたと言える。
　たとえば，吉野川の可動堰計画が全国的な注目を集めた徳島市の住民投票や，産廃問題をテーマにした岐阜県御嵩町などいわゆる「迷惑施設」の是非が問われた事例では，普段の選挙では棄権している若者が投票所に積極的に足を

運んだことが注目された[1]。また，住民投票と同じ案件が争点となった直近の選挙との間で投票結果を比較すると，合併関連の事例も含め，選挙における反対派候補の得票数が住民投票における反対票を上回った例は1つもない。このことについて分析を試みた塩沢（2004a）は，徳島市および御嵩町の年代別投票率のデータなどを用い，「反対」傾向の強い若年層で住民投票における投票参加の割合が上昇したことが，直近の選挙との投票結果のズレを生じさせていることを示した。

このように各地の住民投票では，若者の投票参加や賛否の行動が，投票結果に少なからぬインパクトを与えてきたと言える。2000年代に入ると，全国的に「平成の大合併」をめぐる動きが加速する中，合併の是非や枠組みについて住民投票を実施する自治体も急増したが，塩沢（2009）は市町村合併をめぐる住民投票においてもやはり，投票率を左右する大きな要因の1つとして，若年層の投票参加の動向が深く関わっている可能性が高いことを示している。また同論文においては，旧合併特例法の期限であった2005年3月末までに実施された住民投票のうち，未成年者に投票資格が与えられた124件の事例に着目し，概要を整理している。こうした地方レベルにおける住民投票の経験は，18歳選挙権の今後の成否を占ううえでも，有益な材料を提供してくれるものと思われる。

本章では，初めに18歳選挙権導入がもたらした変化について触れたのち，塩沢（2009）を加筆・修正しつつ，主として合併関連の住民投票において，若年層の投票行動がどのようなものであったのかを整理する。それを参考材料としながら，2016年参院選における若年層の投票参加についても概観したのち，18歳選挙権導入後に残された課題について考察を加えることとしたい。

2．選挙制度改正がもたらした変化

18歳選挙権の導入は，単に18・19歳の若者たちが投票資格を得るということにとどまらず，子供や若者を取り巻く政治的環境の変化をも促すことにつな

がっている。また今般の選挙制度改正には、選挙権年齢の引き下げのほかにも、いくつかの制度変更が含まれている。それらは端的に言えば、政治に参加し社会の一員として振る舞うことへの自覚を促す「政治的社会化」や、選挙で投票することの「習慣化」をもたらす契機となりうるものであり、また「選挙啓発」にもつながるものと言える。18歳選挙権導入をはじめとする制度改正がいかなる効果をもたらしつつあるかを、まずは整理しておきたい。

2-1 主権者教育の広まり

　選挙権年齢が18歳まで引き下げられたことにより、史上初めて、高校3年生の中にも選挙の有権者が含まれることとなった。こうした状況が実現したことで、とりわけ高校をはじめとした教育現場において、主権者教育を実施する動きが急速に広まるという結果がもたらされた。総務省サイト内で公開されている「学校教育と連携した啓発事業実態調査報告書[2]」によれば、平成27年度に選挙出前授業を実施した選挙管理委員会は461団体（全団体の23.5％）で平成25年度の約2.5倍に増加した。また、平成27年度の高等学校における選挙出前授業の実施学校数は、調査実施時点での見込みも含めて1,149校であり、平成25年度との比較で約21倍という大幅な増加となった。高等学校ほどの急増とはなっていないものの、小中学校においても同様の取り組みは確実に増加している。18歳選挙権の導入がまさに、児童・生徒が政治や選挙について学ぶ機会の増大をもたらす契機となっており、長期的に見れば、児童・生徒の政治的社会化や投票参加の習慣化をより早い段階から促し、その後の継続的な政治参加につながっていくことが期待される。

　ただ牧之内（2016）によれば、出前授業は急増しているものの、学校数で見れば全国の高校の約23％（4,939校中1,149校）に過ぎず、授業の中身についても、争点教育など政治的リテラシーの養成を重視したものは少ない。そうした中では、学校の現場において日頃からの取り組みが重要となってくるが、現実の教育現場においては、主権者教育を推進していくうえで「政治的中立性」をいかに確保していくかが個々の教員にとっては難しい課題となるし、それ以前

の問題として，ただでさえ多忙を極める教員にとっては，主権者教育の実施に伴う負担の増大という課題とも向き合わなければならない。

　主権者教育は確かに，量的には目に見える広まりを示している。しかしながら，各自治体の選管にしても教育現場にしてもマンパワーには限りがあり，その点も考慮に入れつつ，現場にとって過重な負担とならぬよう配慮しながら質的向上を図るという，いわば「走りながら考える」ことが現場では求められていると言えるだろう。いずれにせよ，児童・生徒の側からすれば，政治や選挙についてさまざまな形で知識を深めたり考えたりする機会が増えていることは事実である。

2-2　高校・大学等のキャンパス内への期日前投票所の設置

　前記のような動きと関連して，近年では高校や大学等のキャンパス内に期日前投票所を設置する動きも全国で急拡大している。学生にとって身近な場所に投票所を設置するというこうした取り組みは，2013年の参院選で愛媛県の松山大学に設けられたのが最初であった。同様の試みはその後各地に広まり，2015年の統一地方選では全国12の大学で期日前投票所が設けられ（『朝日新聞』2015年3月31日），2016年の参院選では総務省のまとめによると，大学等（大学と短大，工業高等専門学校）が98カ所（『読売新聞』2016年6月30日），高校では同年6月20日現在で20カ所に期日前投票所が設置された[3]。

　学生が日常的に利用する場所で投票が可能になることで，まだ選挙で投票することに不慣れな学生たちにとっては，投票参加に対する心理的コストの低減につながると言えるだろう。また，こうしたケースでは多くの場合，学生主体の選挙啓発活動と連動する形で期日前投票所の利用が呼びかけられ，若者から若者への働きかけが投票参加に結びつくことも期待される。

　ただ一方で，キャンパス内に投票所が設置されたとしても，実際にそこで期日前投票ができる学生はあくまでも，大学の所在地に住民票がある学生に限られる。つまり，県外から進学して下宿暮らしの学生などは，住民票を実家に残したまま異動しないケースが多いため，関心はあっても「住民票がないから投

票しない（できない）」という学生が出てきてしまうことになる[4]。不在者投票制度も用意されてはいるが仕組みが煩雑で，よほど熱心な学生でない限り，利用する可能性は低い。

これらの課題もあるものの，キャンパス内での投票所設置は，単に所属学生に対しての働きかけにとどまらず，大学の教職員や近隣住民に対しても投票の利便性向上につながる試みである。人口が集中する都市部ではすでに，駅ビルや大型商業施設など利便性の高い場所に期日前投票所を設ける動きが進んでいることもあり，大学での投票所設置の動きは鈍いが，2016年参院選でもそうであったように，地方都市に所在する大学や高校を中心として，今後もキャンパス内での投票所設置という試みは拡大していくことが予想される[5]。

2-3 「投票所に出入し得る者」の改正

公職選挙法においては従来，「投票所に出入し得る者」すなわち有権者が投票所に同伴できる者については「幼児」や「やむを得ない事情のある者」と限定されていた。この規定についても見直しがされ，同伴できるのは「幼児，児童，生徒その他の年齢満18歳未満の者」に改正された。つまり，ある程度子供が成長した後も，親が自分の子供を連れて投票に行くことが可能になったということである。これもまた，投票資格を得る前の子供のうちから選挙に行くことの「習慣化」を促すとともに，より年齢の低い段階からの「政治的社会化」にもつながる行為と言える。

実際，そうした幼少期の体験がその後の投票参加に結びつくことが，データのうえでも示されている。明るい選挙推進協会（明推協）が2016年参院選の際に実施した意識調査によれば，子供の頃，親の投票についていったことがある人とない人で比較すると，「ついていったことがある」人では今回の参院選で投票に行ったのが67.3％であるのに対し，「ついていったことがない」人では，投票に行ったという回答は44.8％にとどまる[6]。もちろん，子供が親の投票についていく機会があるかどうかは，親の投票参加意欲に左右される面もあり，そもそも親が選挙を棄権しがちな家庭の子供は親の投票についていくこ

ともできない。そうした意味では，親の投票についていったという幼少期の体験と投票参加との因果関係には，親の政治意識の高さがもたらす影響も多分に含まれるものと推測されるが，いずれにせよ，子供のうちから親が実際に投票する姿を見たり，投票所の雰囲気を体験する機会を持つことは，子供の政治的社会化のプロセスにとってもプラスに働くものと思われる。

3．住民投票における若者の投票行動

　18歳選挙権をはじめ，2016年参院選から適用された制度変更がもたらしつつある効果については，以上のように整理することができるが，新たな制度の下で実施された国政選挙はまだ1回だけしか行われておらず，データの蓄積が少ない。そこで次に，未成年の有権者が参加した事例の蓄積が数多くある住民投票に着目し，未成年を含めた若年層の投票行動がいかなるものであったのかを概観することとする。国政選挙との比較においては，地方レベルで実施されてきた住民投票は参照材料として妥当性を欠く面もあるかもしれないが，選挙における10代の投票参加は始まったばかりであり，貴重な参考資料になると思われる。

3-1　住民投票における年代別の投票動向

　本章の冒頭でも触れたように，住民投票では若年層の投票参加の多さがしばしば特徴として表れてきたが，直近の選挙との違いが最も顕著に現れたのは徳島市の事例である。直近の選挙ではいずれも，20代前半の投票率が最も低く60代で最も高いのに対し，住民投票では20代が47.9％，30代が61.7％となっており，40代の65.5％をピークにして，それ以降は年齢が上昇するにつれて投票率が下降している（塩沢，2004a）。住民投票前年の市議選と比較すると，20代では15ポイント，30代で13ポイント，40代でも5ポイントほど上昇しており，50代以降では，年齢が上がるとともに投票率の下降割合も高い。同様の傾向は，御嵩町の年代別データからも読み取ることができる[7]。

加えて，住民投票において若い層では，投票参加の上昇割合が高いだけでなく，迷惑施設をめぐる事例においては「反対」傾向も強いことが示されている（塩沢，2004a）。新潟県巻町の住民投票について調査を行った中央大学法学部辻山研究室の調査データによると，投票当時，巻町の原発計画に反対だったと答えた人は，20代で66.7％と最も多く，老年層に行くにつれてやや減少し，逆に賛成については，若年層に比べて中年および老年層でやや高くなっている[8]。また，基地問題が問われた沖縄県民投票では，直前の世論調査で若い層の厳しい姿勢が目立つ。たとえば，「実弾砲撃演習の本土移転」について「本土に移転しても問題は解決しない」と答えた人は，20代が80％，30代が73％と，若い世代ほど多く，70歳以上は22％だった（『朝日新聞』1996年9月4日）。

以上のような若年層の投票傾向に関し，筆者は過去の論考において，ともに同一の重要課題が争点とされながら，住民投票と選挙との間で投票結果にズレが生じる「民意のねじれ」とも呼ぶべき現象に着目し，その要因の1つとして，両者における年代別投票率の違いが影響しうることを指摘した（塩沢，2004a）。たとえば徳島市の住民投票では，吉野川可動堰計画に対する反対票が約10万票であったが，可動堰問題が同様に争点化されたその後の各種選挙では，反対派候補の得票合計はいずれも10万票には及ばなかった。そうした「ねじれ」の一因が，住民投票で積極的に投票参加し反対票を投じた若い有権者がその後の選挙で再び棄権に回ったこと，すなわち年代別投票率の相違にあると筆者は推論した。このほかにも，2013年に東京都小平市で実施された住民投票の年代別投票率を分析した際には，市全体での投票率こそ伸び悩んだものの，直近の市長選や都議選と比較すると，若年層の投票参加は決して低調ではなかったことを指摘している（塩沢，2015）。

これらを踏まえると，若い有権者が投票を通じて行使しうる影響力は，決して無視できないものであると言える。では次に，これまで我が国で行われてきた住民投票の9割以上を占める合併関連の住民投票のデータからは，いかなる傾向を読み取ることができるだろうか。

3-2 合併住民投票における年代別投票率

図3-1～図3-7および表3-1は,合併をめぐって住民投票を実施した市町村のうち,直近の首長・議会選挙との年代別投票率の比較が可能な事例について,データをまとめたものである。迷惑施設関連の事例と同様に若年層の投票参加が目立つケースもいくつか見られるものの,年代別の傾向が特に表れていないケースのほうが多い。そうした観点から分類すると,前者に当たるのが埼玉県和光市,島根県東出雲町,鳥取県境港市,長野県波田町,同県下諏訪町,奈良県王寺町,福岡県宮田町で,後者が表3-1に示した残りの10市町となる[9]。

順を追って見ていくと,まず和光市の住民投票では,近隣の朝霞・新座・志木の各市との合併の是非が問われ,4市で同時に住民投票が行われた。4市の住民投票は県議選との同日選挙であったが,わずか2週間後の市議選と比較しても,若年層の積極的な投票参加が数字に表れている。県議選との同日実施には,住民投票の投票率を押し上げる狙いがあったと考えられるが,県議選の和光市選挙区は無風選挙であったため,実際には住民投票が県議選の投票率を押し上げたものと思われる。そのことに対して,若い層での投票参加の伸びが少なからぬ影響を与えたことが図3-1から読み取ることができ,住民投票を同時に行うか否かによって,県議選と市議選の年代別投票率に一定の差異が現れたことは,大いに注目すべき点である。また,4年後の県議選,市議選のデータと比較しても,やはり住民投票では若年層の投票率が相対的に高い。

東出雲町の住民投票は,合併特例法の規定に基づく法定合併協議会設置の是非を問うものであった。町長が合併しないで単独町制を維持する方針を表明したのに対して,これに不安感を抱いた住民グループが直接請求し,住民投票実施に至った。図3-2は住民投票の約1カ月後に行われた町長選との間で,年代別投票率を比較したものである。ここでもやはり,町長選と比べ住民投票では20,30代を中心に投票率の上昇が目立ち,20代で約6ポイント,30代で約11ポイント,それぞれ町長選より投票率は上回っており,ほかの世代と比べても町長選との差は相対的に大きい。住民投票では「反対」票が多数を占め,

第3章 「18歳選挙権」導入の効果と今後　75

図3-1　埼玉県和光市：年代別投票率比較

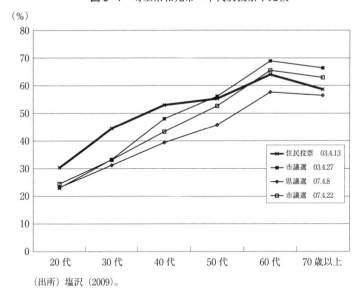

(出所) 塩沢 (2009)。

図3-2　島根県東出雲町（特例法）：年代別投票率比較

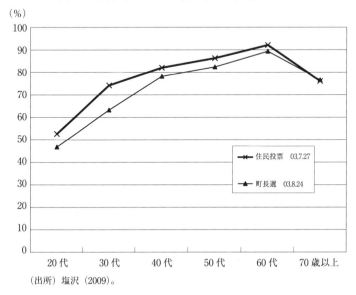

(出所) 塩沢 (2009)。

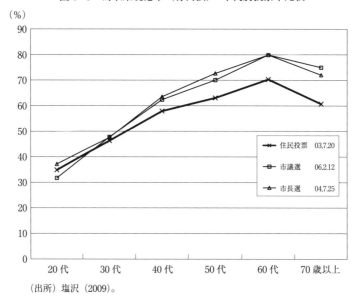

図3-3 鳥取県境港市（特例法）：年代別投票率比較

（出所）塩沢（2009）。

　同じく合併問題が争点となったその後の町長選でも現職が再選されたため，合併をめぐる2つの投票結果は一貫していたと言えるが，東出雲町においても，両者の年代別投票率には一定の違いが見られた[10]。

　境港市の住民投票もやはり，東出雲町と同様に法定協設置の是非をめぐるケースであった。市議会の多数派が単独存続を決議し，市長とともに行政改革に取り組む姿勢を打ち出したのに対し，米子市との合併を求める市民グループが直接請求運動を行い，住民投票が実現した。図3-3から明らかなように，住民投票では1年後の市長選，および3年後の市議選と比較して，20，30代の投票率はほぼ同じ水準である一方，年齢が上昇するにしたがって，住民投票における投票率の伸び悩みが目立つ。住民投票の投票日が3連休の中日だったことなども考慮する必要はあるかもしれないが，境港市の住民投票でも，若年層の関心は直近の選挙と比較した場合に，相対的に高かったと捉えることができる。

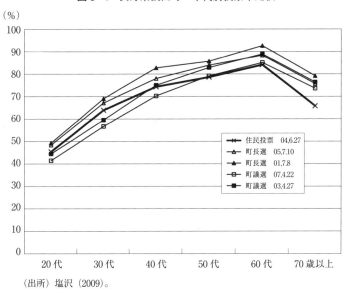

図3-4　長野県波田町：年代別投票率比較

(出所) 塩沢 (2009)。

　波田町の住民投票は，隣接する松本市を中心とした5市町村による合併の是非をめぐり，住民グループが直接請求の動きを見せる中，町長が投票実施の意向を表明し，参院選の2週間前に投票が行われた。図3-4から読み取れるように，住民投票の投票率は前年の町議選と比較して，若年層においてはほぼ同じか，わずかに上昇しているのに対し，高年齢層ではやや下落している。また，3年前の町長選との比較においても，20，30代での投票率下落の割合が低く，3年後の町議選との比較では，20〜40代の投票率が相対的に高い。住民投票後の町長選との比較では明確な差異は見出せないが，これは町長選において，住民投票と同様に合併問題が大きな争点となったことが影響しているものと思われる[11]。波田町の事例に関しても，やはり直近の選挙との比較において，住民投票では若年層の関心は十分に高かったと言える。

　下諏訪町の住民投票は，岡谷，諏訪，茅野の3市など6市町村による合併の是非をめぐって，この合併協議に参加していた富士見町との同日実施で行われ

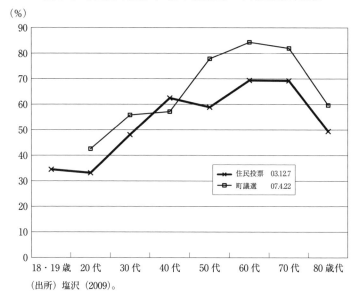

図 3-5 長野県下諏訪町（第 7 投票区）：年代別投票率比較

（出所）塩沢（2009）。

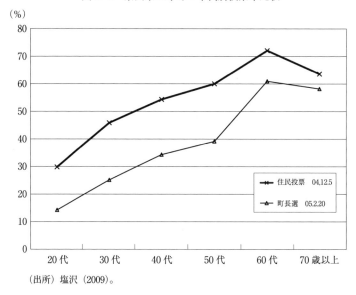

図 3-6 奈良県王寺町：年代別投票率比較

（出所）塩沢（2009）。

図 3-7　福岡県宮田町：年代別投票率比較

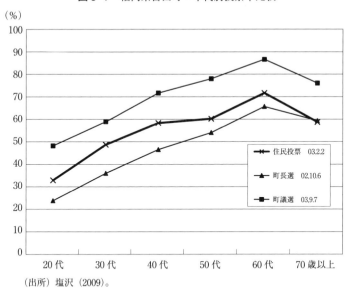

(出所) 塩沢 (2009)。

た。図 3-5 に示したのは第 7 投票区のみの抽出データであるが，4 年後の町議選と比べると，住民投票では 50 代以上の高年齢層で投票率が伸び悩んでいる。若手経営者など 30 〜 40 代の住民有志が合併推進を訴えたことなども少なからず影響したと考えられ，若年層の合併問題に対する関心はやはり相対的に高かったと捉えることができる[12]。

王寺町の住民投票は，西和地区 7 町による合併の是非をめぐり，この枠組みに関わる斑鳩町，平群町とともに同日実施された。図 3-6 に示した選挙のデータは，住民投票の約 2 カ月後に行われた町長選の年代別投票率であるが，現職が新人候補を大差で破る無風選挙であったため，投票率は大きく伸び悩んだ。こうした無風選挙におけるデータとの比較となるため，住民投票について多くを述べることはできないかもしれないが，それでもなお，住民投票における若年層の関心は町長選と比べて，比較的高かったと推測される。

宮田町の住民投票は，条例によるものと合併特例法に基づくものの 2 種類の

住民投票を同時に実施した初めてのケースであった。直近の選挙の投票率は，2002年の町長選では無風選挙の影響により投票率が伸び悩んでいるため，2003年の町議選における投票率（71.44％）が，宮田町の地元レベルにおける平均的な投票参加の水準と考えてよいだろう[13]。それと比較すると，住民投票の投票率56.22％はそれほど高いとは言えない。設問内容や選択肢が微妙に異なる2つの住民投票を同日実施したことが住民の混乱を招き，その結果棄権した有権者も少なくなかったと考えられる。ただ，各年代の投票率に注目すると，図3-7から明らかなように，直近の選挙との比較において30，40代を中心とした若い層での積極的な投票参加が見て取れる。判断の難しい住民投票に直面した中でも，若年層においてはそれなりの関心を集めていたと言えそうである。

　これらの事例に対し，若年層における盛り上がりを欠いたケースも多く見受けられる。表3-1では各年代および全体の投票率について，住民投票から直近の選挙の値を差し引いたものを示してあるが，図3-1〜図3-7に示した各事例と違い，年代別の傾向は特に見られない。塩沢町，比内町，鷲宮町のすべてのデータおよび富士見町の町議選については，町全体で集計されたものではないため信頼性はやや劣るが，それを考慮に入れても，これらのデータを見た限りでは，合併関連の住民投票では年代別の投票参加の傾向は表れにくいという見方もできそうである。

　では，若年層の積極的な投票参加を見て取れるケースとそうでないケースとの相違点は，どこにあるのか。表3-1に示した10事例について言えば，まず1点目に，多くの事例において住民投票の投票率が直近の選挙と比較して10〜20ポイント程度低いことを指摘できる。加えて，もう1点目には，鷲宮町を例外として，直近の選挙で80％前後の高い投票率を記録しているという共通点が見られる。合併をめぐって行われた400件以上に上る住民投票は，今後の自治体運営に対する危機感を反映してか，その多くが小規模自治体で実施されているが，そうした市町村ほど，首長・議会選挙の投票結果は地縁・血縁によって左右される割合が高い。そのため，全国的に投票率が低落傾向にある中

第3章 「18歳選挙権」導入の効果と今後　81

表3-1　年代別投票率比較

		投票日	10代	20代	30代	40代	50代	60代	70歳以上	全体
福島県棚倉町	①住民投票	03.7.13		43.72	59.14	69.81	74.85	79.41	62.04	65.37
	②町長選	*04.9.5*		40.37	57.28	69.47	78.41	82.99	68.59	67.31
	③町議選	*03.12.7*		55.22	69.26	82.98	88.68	92.03	81.14	79.30
	①-②			3.35	1.86	0.34	-3.56	-3.58	-6.55	-1.94
	①-③			-11.50	-10.12	-13.17	-13.83	-12.62	-19.10	-13.93
島根県斐川町	①住民投票	03.12.7	29.71	46.21	68.73	79.67	82.52	88.35	65.97	71.45
	②町長・町議選	03.4.27		58.85	77.99	89.21	92.23	95.13	81.26	82.99
	①-②			-12.64	-9.26	-9.54	-9.71	-6.78	-15.29	-11.54
長野県富士見町	①住民投票	03.12.7	60.60	40.20	61.89	76.62	77.23	81.39	65.12	68.13
	②町議選	03.4.27		55.20	87.13	92.81	91.28	96.62	80.00	79.20
	①-②			-15.00	-25.24	-16.19	-14.05	-15.24	-14.88	-11.07
長野県牟礼村	①住民投票	04.7.25	39.72	45.88	65.82	76.54	81.08	85.73	68.95	72.03
	②村長選	*05.3.20*		48.17	68.04	75.08	80.57	89.52	77.36	74.84
	③村議選	03.4.27		55.68	72.54	81.06	87.55	94.29	83.67	80.80
	①-②			-2.29	-2.22	1.46	0.51	-3.79	-8.41	-2.81
	①-③			-9.81	-6.73	-4.52	-6.47	-8.56	-14.72	-8.77
鹿児島県串木野市	①住民投票	05.1.23		35.37	50.91	62.45	67.74	72.84	—	62.63
	②市長選	03.1.26		54.19	67.15	77.29	79.84	83.09	—	75.53
	③市議選	03.4.27		56.54	68.33	79.38	82.89	87.32	—	78.77
	①-②			-18.82	-16.24	-14.84	-12.09	-10.25		-12.90
	①-③			-21.17	-17.42	-16.93	-15.14	-14.48		-16.14
北海道留辺蘂町	①住民投票	05.1.30		48.81	63.42	74.92	76.97	82.97	(78.85)	71.74
	②町議選	03.4.27		62.45	75.29	84.93	92.10	92.77	(91.04)	84.61
	①-②			-13.64	-11.87	-10.01	-15.13	-9.80	(-12.19)	-12.87
鹿児島県中種子町	①住民投票	05.2.20	47.03	42.22	55.23	66.78	71.25	71.50	56.84	61.74
	②町長・町議選	03.4.27		82.64	89.96	92.67	94.02	95.83	88.03	91.08
	③町長・町議選	*07.4.22*		67.97	80.94	87.71	89.81	92.06	80.57	84.26
	①-②			-40.42	-34.72	-25.89	-22.77	-24.33	-31.19	-29.35
	①-③			-25.75	-25.71	-20.94	-18.56	-20.56	-23.73	-22.52
新潟県塩沢町	①住民投票	03.8.10	62.96	38.53	65.38	74.05	82.69	83.78	72.84	69.40
	②町長選	*03.9.28*		54.69	80.82	85.11	92.25	93.62	80.45	81.37
	③町議選	01.3.25		72.06	84.62	89.02	93.98	97.01	78.86	85.56
	①-②			-16.16	-15.44	-11.06	-9.56	-9.78	-7.61	-11.97
	①-③			-33.53	-19.23	-14.97	-11.28	-13.18	-6.02	-16.16
秋田県比内町	①住民投票	04.5.23	55.88	49.39	64.90	72.06	76.66	76.53	60.65	68.23
	②町長・町議選	04.3.7		68.50	79.92	89.56	90.19	93.43	82.62	87.06
	①-②			-19.11	-15.02	-17.49	-13.53	-16.90	-21.96	-18.83
埼玉県鷲宮町	①住民投票	04.9.19		28.68	43.43	60.04	66.17	76.27	66.06	57.90
	②町議選	03.12.14		24.48	32.66	50.30	59.22	69.44	65.25	50.28
	③町議選	*07.12.9*		19.63	29.27	41.56	51.96	69.45	64.81	47.67
	①-②			4.21	10.77	9.74	6.95	6.83	0.82	7.61
	①-③			9.05	14.16	18.48	14.21	6.83	1.26	10.23

(注1) 投票日の斜体字は，住民投票後に行われた選挙を指す。
(注2) 塩沢町，比内町，鷲宮町のすべてのデータ，および富士見町の町議選は抽出した投票区のデータ。
(注3) 串木野市では60代と70歳以上を同一のカテゴリーで集計しているため，「60代」の欄には60歳以上のデータを記してある。
(注4) 留辺蘂町では70代と80歳以上で別々に投票率が集計されているため，表中の括弧内の数字は70代のデータ。
(出所) 塩沢 (2009)；各市町村の選挙管理委員会。

でも高い投票率を維持しているのだが，合併の是非や枠組みを問う住民投票では，「人」を選ぶ選挙と違って，地縁・血縁といったものが投票行動に与える影響は小さくなると考えられる。つまり，そうした状況下で行われる住民投票では地縁・血縁による動員力が弱まり，その結果，直近の選挙と比べると投票率がやや低いケースが多くなっていると思われる。

これに対し，年代別の傾向が表れた事例ではどうだろうか。宮田町に関しては，2種類の住民投票が同日実施されたことが投票率に少なからぬ影響を及ぼしていると考えられ，王寺町に関しても，町長選は無風選挙であったため，例外として扱わなければならない。他方で下諏訪町を除く4市町では，住民投票の投票率はいずれも，直近の選挙と比較して10ポイント以内の差に収まっている。境港市でこそ住民投票の投票率は，1年後の市長選や3年後の市議選よりも7～9ポイントほど低いが，和光市では，住民投票の投票率48.12％に対して，直近の市長選および市議選の投票率はいずれも45％前後であり，東出雲町でも，住民投票の投票率77.52％に対し，1カ月後の町長選が72.74％，前年に行われた町議選が77.10％の投票率をそれぞれ記録している。また波田町でも，住民投票の投票率68.82％は，3年前の町長選（76.32％）と比較するとやや乖離はあるものの，1年前の町議選（71.60％）との間ではかなり接近していると言える。

さらに付け加えると，境港市を除く3市町（和光市・東出雲町・波田町）は，2005年の国勢調査データにおいて人口が増加傾向にあるという共通点を有しており，その一方で，表3-1に列挙した10市町では，増加傾向にある斐川町を例外として，人口の推移は横ばいか減少傾向となっている。一般的に，居住年数の浅い有権者ほど投票参加の割合は低い（蒲島，1988）。居住年数の短い人は，その多くが若年層であると考えられるので，図3-1～図3-7のデータから，和光市や東出雲町，境港市，波田町，下諏訪町，王寺町，宮田町では新住民の間での関心度が相対的に高まっていた可能性を指摘できる。

以上のことから，市町村合併を問う住民投票では，若年層において関心が充分に喚起されたかどうかが，投票率を左右する1つの大きな要因になっている

図 3-8　住民投票：10 代を含む年代別投票率データ

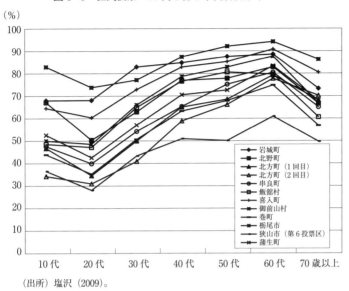

(出所）塩沢（2009）。

と考えられる。もちろん，住民投票の投票率を規定する要因にはほかにもさまざまなものがあると思われるが，合併関連の事例では，若い層での投票参加の増加が相対的に目立つケースでは直近の選挙と同程度の投票率を残し，年代別投票率の傾向に顕著な相違が見られないケースでは住民投票の投票率が伸び悩む，ということが言えそうである。ただ，前者に関して言えば，すでに挙げた各事例だけでは説得力が少々弱い部分もある。そこで，既出の各市町のデータを補完する意味も含めて，通常の選挙で年代別投票率の集計を行っていない秋田県岩城町，福岡県北野町，岐阜県北方町，鹿児島県串良町，同県喜入町，福島県飯舘村，茨城県御前山村，新潟県巻町，同県栃尾市，埼玉県狭山市，鹿児島県蒲生町の住民投票について年代別投票率のデータを示しておきたい。

　岩城町，北野町，北方町，串良町，飯舘村，喜入町，御前山村，巻町，栃尾市，狭山市，蒲生町の住民投票における年代別投票率は，図3-8のとおりである。このうち岩城町，飯舘村，御前山村については有権者数がいずれも6,000

人未満と少ないこともあり，年代別の傾向はやや見出しにくく，例外的に扱う必要があるだろう。ただ，図3-1～図3-7に示した各市町および北野町，北方町（1回目・2回目ともに），喜入町，巻町，栃尾市，狭山市，蒲生町の住民投票のグラフに着目すると，興味深い傾向を確認することができる。20代から40代までの投票率の上昇を見ると，通常の選挙と同様に，グラフの傾きは概ね一定の角度を示しているが，年齢とともに投票率が上昇したあと，40代と50代の間では，グラフの傾きが緩やかになる傾向が各図に示した事例に共通して見受けられる。これらもまた，合併問題に対して若年層が相対的に高い関心を有していたことを示唆する1つのデータと言える[14]。

また，もう1点注目しておきたいのは，表3-1に列挙した事例も含めて，多くのケースで未成年の投票率が20代より高くなっている点である[15]。全国で初めて20歳未満の住民に投票資格を与えた岩城町では，18・19歳の有権者149人のうち，町内在住のほぼ全員にあたる102人が投票に参加した。このように，公職選挙法の規定に縛られない住民投票では，投票資格についても各自治体の住民投票条例で自由に設定することができ，通常の選挙では参加できない住民に投票資格を付与するケースも，「平成の大合併」においては数多く見られた。これについての詳細は，次節で整理することとしたい。

3-3 未成年の投票行動

筆者の把握している限りにおいて，「平成の大合併」をめぐる住民投票で20歳未満の有権者が参加した事例は，2011年8月に投票を実施した栃木県岩舟町のケースまで含めて131件に上る[16]。表3-2にその一覧を示してあるが，投票資格については，大半のケースで満18歳以上としている一方，高校生以上とした鹿児島県輝北町，同県与論町，香川県牟礼町のようなケースも見られる。さらには，全国で初めて中学生に投票権を与えた長野県平谷村や，18歳以上が参加する一般投票と併せて，小学5年生から17歳までを対象として「子ども投票」を実施した北海道奈井江町のケースは，全国的にも大きな注目を集めた。このほか詳細は省略するが，合併以外では，公選法上の投票年齢に

表3-2 合併関連の住民投票における未成年の投票参加

	実施自治体	投票日	投票資格	未成年の投票率（％）	未成年の有権者数	有権者全体に占める割合（％）	未成年を含む当日有権者数	全体の投票率（％）
1	秋田県岩城町	2002.9.29	18歳以上	68.45	149	2.7	5,427	81.24
2	福岡県北野町	12.15	18歳以上	67.59	537	3.8	14,246	70.56
3	埼玉県岩槻市	2003.1.26	18歳以上	38.17	2,578	2.8	91,141	49.11
4	静岡県東伊豆町	2.2	18歳以上	33.00	303	2.3	13,000	55.33
5	滋賀県長浜市	2.16	18歳以上	30.79	1,338	2.9	46,452	45.35
6	富山県小杉町	2.16	18歳以上	37.79	823	3.1	26,516	62.73
7	岐阜県北方町	2.23	18歳以上	46.97	413	3.1	13,537	59.42
8	岡山県加茂町	3.9	18歳以上	51.39	144	3.1	4,663	74.97
9	長野県平谷村	5.11	中学生以上	—	73	13.8	530	88.49
10	大分県犬飼町	5.18	18歳以上	—	—	—	3,883	76.77
11	奈良県東吉野村	5.25	18歳以上	—	62	2.3	2,658	90.26
12	兵庫県太子町	6.1	18歳以上	41.41	797	3.0	26,248	63.68
13	鹿児島県輝北町	6.29	高校生以上	*1 95.62	*1 137	3.6	3,819	90.47
14	山梨県敷島町	7.6	*2 18歳以上	38.44	359	2.4	15,227	62.06
15	新潟県塩沢町	8.10					16,847	69.40
16	大分県弥生町	8.17	18歳以上	60.00	160	2.6	6,210	66.62
17	沖縄県西原町	9.14	高校3年以上	—	1,467	5.9	25,001	30.19
18	新潟県六日町	9.14	18歳以上	40.52	612	2.7	22,850	60.14
19	埼玉県富士見市	10.26	18歳以上	17.37	1,998	2.4	*3 82,707	*3 40.48
20	長野県山ノ内町	10.26	18歳以上	48.46	357	2.7	13,264	66.33
21	岡山県長船町	10.26	18歳以上	—	—	—	10,181	56.76
22	北海道奈井江町	10.26	小5以上	*4 87.21	*4 516	7.8	*5 6,109	*5 73.01
23	兵庫県南光町	11.9	18歳以上	—	—	—	3,809	81.86
24	兵庫県箕輪町	11.9	18歳以上	26.75	385	1.9	19,795	74.89
25	香川県牟礼町	11.9	高校生以上	50.00	914	5.9	15,568	64.31
26	滋賀県朽木村	11.23	18歳以上	—	56	2.7	2,081	82.36
27	鳥取県日吉津村	11.30	18歳以上	—	81	3.1	2,574	78.32
28	新潟県小国町	11.30	18歳以上	71.97	157	2.6	6,087	83.37
29	鹿児島県串良町	11.30	高校3年以上	47.80	364	3.2	11,313	65.43
30	鹿児島県与論町	11.30	高校生以上	—	—	—	4,954	83.47
31	長野県大岡村	11.30	18歳以上	—	32	2.4	1,357	88.28
32	山梨県中道町	11.30	18歳以上	—	—	—	4,565	85.15
33	長野県富士見町	12.7	高校3年以上	60.60	401	3.1	12,924	67.22
34	長野県下諏訪町	12.7	18歳以上	—	—	—	19,491	55.51
35	島根県平田市	12.7	高校3年以上	43.91	747	3.1	24,187	68.86
36	島根県奥斐川町	12.7	*2 18歳以上	29.71	377	1.7	22,035	71.45
37	栃木県日光市	12.7	18歳以上	45.83	360	2.5	14,560	70.17
38	鹿児島県桜島町	12.14	18歳以上	—	—	—	4,004	82.24
39	兵庫県三日月町	12.14	18歳以上	64.29	84	2.9	2,878	82.63
40	福島県飯舘村	12.21	18歳以上	48.82	211	3.6	5,926	68.22
41	三重県朝日町	2004.1.18	18歳以上	58.33	120	2.2	5,475	71.54
42	奈良県下北山村	1.25	18歳以上	—	17	1.5	1,154	84.14
43	三重県大王町	2.1	高校3年以上	—	189	2.6	7,349	53.05
44	鹿児島県隼人町	2.1	18歳以上	36.39	1,036	3.6	28,824	54.57
45	岐阜県武芸川町	2.8	18歳以上	56.83	183	3.4	5,452	74.39
46	島根県宍道町	2.15	18歳以上	—	197	2.5	7,902	67.35
47	鹿児島県喜入町	2.15	高校3年以上	64.99	357	3.3	10,767	80.22
48	岡山県有漢町	2.15	18歳以上	39.68	63	2.6	2,395	71.36

	実施自治体	投票日	投票資格	未成年の投票率（%）	未成年の有権者数	有権者全体に占める割合（%）	未成年を含む当日有権者数	全体の投票率（%）
49	福岡県津屋崎町	2.22	18歳以上	―	―		11,858	56.51
50	愛知県尾西市	2.29	18歳以上	―	―		47,493	51.13
51	茨城県御前山村	2.29	18歳以上	83.53	85	2.2	3,840	86.69
52	埼玉県横瀬町	3.21	18歳以上	46.67	240	3.0	8,039	57.11
53	埼玉県江南町	3.21	18歳以上	―	―		9,996	59.54
54	兵庫県南光町	3.28	18歳以上	―	125	3.3	3,786	74.88
55	愛知県祖父江町	4.11	18歳以上	―	571	3.0	18,799	66.83
56	鳥取県気高町	4.18	18歳以上	―	257	3.1	8,184	70.97
57	埼玉県美里町	4.25	18歳以上	46.30	311	3.1	9,907	59.29
58	鳥取県智頭町	4.25	18歳以上	―	205	2.6	7,743	79.59
59	鳥取県江府町	5.23	18歳以上	―	―		3,285	82.01
60	秋田県比内町	5.23	18歳以上	―	―		9,932	68.23
61	長野県穂高町	6.6	18歳以上	―	454	1.7	26,101	69.15
62	新潟県荒川町	6.6	18歳以上	―	―		9,514	73.10
63	埼玉県春日部市	7.11	18歳以上	*6 17.24	*6 4,437	2.7	167,253	53.93
64	埼玉県杉戸町	7.11	18歳以上	*6 24.61	*6 1,097	2.9	38,409	59.92
65	埼玉県宮代町	7.11	18歳以上	*6 34.04	*6 846	3.0	28,378	66.76
66	埼玉県庄和町	7.11	18歳以上	*6 29.32	*6 856	2.8	30,992	60.48
67	長野県奈川村	7.11	18歳以上	68.18	22	2.8	785	91.59
68	長野県喬木村	7.11	高校3年以上	47.00	217	3.6	5,959	83.08
69	長野県南箕輪村	7.11	*2 18歳以上	25.52	239	2.2	10,684	71.29
70	群馬県榛名町	7.11	18歳以上	43.02	516	2.8	18,366	70.61
71	岡山県日生町	7.11	18歳以上	32.78	241	3.3	7,273	72.29
72	熊本県南小国町	7.11	高校3年以上	43.79	169	4.1	4,131	79.16
73	愛知県木曽川町	7.25	18歳以上	―	―		25,546	62.04
74	長野県牟礼村	7.25	*2 18歳以上	39.72	141	2.2	6,366	71.35
75	長野県開田村	8.1	高校3年以上	―	―		1,689	86.26
76	岐阜県北方町	8.1	18歳以上	34.43	395	2.9	13,630	55.70
77	神奈川県真鶴町	8.8	18歳以上	―	―		7,888	66.53
78	新潟県巻町	8.8	18歳以上	44.11	730	3.0	24,517	58.73
79	富山県八尾町	8.8	18歳以上	56.10	467	2.5	18,555	70.07
80	岡山県哲西町	8.8	18歳以上	56.90	58	2.1	2,730	70.18
81	香川県塩江町	8.8	18歳以上	―	―		3,145	76.95
82	埼玉県騎西町	8.22	18歳以上	―	―		16,507	54.60
83	山梨県小淵沢町	8.22	18歳以上	―	―		5,047	78.90
84	大阪府泉南市	8.22	18歳以上	―	―		51,863	36.95
85	大阪府阪南市	8.22	18歳以上	―	―		48,353	38.07
86	大阪府田尻町	8.22	18歳以上	―	―		5,921	68.49
87	大阪府岬町	8.22	18歳以上	―	427	2.6	16,401	43.78
88	香川県三野町	8.22	18歳以上	―	―		8,242	37.53
89	佐賀県富士町	8.22	18歳以上	―	110	2.7	4,099	71.24
90	富山県小杉町	8.29	18歳以上	51.34	709	2.7	26,514	69.91
91	長崎県小値賀町	8.29	18歳以上	50.00	78	2.6	3,011	85.42
92	岡山県東粟倉村	9.5	18歳以上	―	―		1,181	81.37
93	茨城県境町	9.12	18歳以上	―	―		22,136	67.77
94	長野県大鹿村	9.12	*2 18歳以上	―	―		1,209	87.51
95	兵庫県三日月町	9.23	18歳以上	60.87	69	2.4	2,860	84.23
96	沖縄県与那国町	10.16	中学生以上	*7 91.57	*7 83	6.0	1,378	70.46
97	長野県浪合村	10.17	*2 18歳以上	―	―		606	85.48
98	鹿児島県指宿市	10.17	高校3年以上	―	―		24,980	44.45

第3章 「18歳選挙権」導入の効果と今後　87

	実施自治体	投票日	投票資格	未成年の投票率（％）	未成年の有権者数	有権者全体に占める割合（％）	未成年を含む当日有権者数	全体の投票率（％）
99	鹿児島県顕娃町	10.17	高校3年以上	43.77	377	3.0	12,491	63.96
100	長野県信州新町	10.31	18歳以上	—	—	—	5,166	75.71
101	長野県小川村	10.31	*2 18歳以上	—	—	—	3,030	78.81
102	長野県中条村	10.31	18歳以上	—	—	—	2,314	85.57
103	鹿児島県金峰町	10.31	18歳以上	—	—	—	6,804	64.12
104	新潟県栃尾市	11.7	18歳以上	50.27	549	2.7	20,636	72.46
105	徳島県由岐町	11.28	高校3年以上	46.03	63	2.1	2,987	64.21
106	山梨県増穂町	12.5	18歳以上	—	*8 約230	*8 (2.1)	10,949	75.88
107	奈良県平群町	12.5	18歳以上	—	*8 約320	*8 (1.8)	17,696	57.92
108	長野県野沢温泉村	12.26	*2 18歳以上	—	—	—	3,702	86.93
109	宮城県唐桑町	2005.1.16	18歳以上	—	165	2.3	7,145	59.05
110	福島県小高町	1.16	18歳以上	—	—	—	11,184	59.29
111	兵庫県香寺町	1.16	18歳以上	—	—	—	16,491	64.87
112	埼玉県狭山市	1.30	18歳以上	—	3,609	2.7	132,606	49.16
113	長野県丸子町	2.6	*2 18歳以上	36.04	308	1.6	19,720	68.60
114	福島県大信村	2.13	18歳以上	—	—	—	3,892	77.00
115	鹿児島県中種子町	2.20	高校3年以上	47.03	202	2.6	7,912	61.58
116	鹿児島県南種子町	2.20	高校3年以上	—	—	—	5,701	66.30
117	栃木県日光市	2.27	18歳以上	50.99	355	2.5	14,470	67.44
118	長野県中川村	2.27	18歳以上	—	—	—	4,475	81.07
119	愛知県南知多町	2.27	18歳以上	—	—	—	18,777	68.87
120	愛知県美浜町	2.27	18歳以上	—	—	—	19,729	72.79
121	宮崎県南郷町	2.27	18歳以上	—	—	—	10,095	59.05
122	熊本県富合町	3.13	高校3年以上	—	—	—	6,787	82.91
123	鹿児島県蒲生町	3.13	高校3年以上	52.87	157	2.5	6,396	67.64
124	北海道静内町	3.20	18歳以上	39.49	471	2.5	18,627	55.80
125	新潟県川口町	2007.2.4	高校3年以上	—	—	—	4,494	77.01
126	兵庫県赤穂市	9.9	18歳以上	—	1,289	3.0	42,723	61.98
127	長野県清内路村	2008.5.4	*2 18歳以上	—	—	—	595	92.61
128	長野県小川村	6.15	*2 18歳以上	—	—	—	2,821	87.70
129	栃木県岩舟町	7.27	18歳以上	—	—	—	15,720	57.65
130	埼玉県杉戸町	2009.5.17	18歳以上	—	—	—	39,525	58.66
131	栃木県岩舟町	2011.8.28	18歳以上	—	—	—	15,509	76.37

（注）横線部分については，集計データが存在しないか，自治体からの回答がなかったものである。抽出投票区の投票率データがある新潟県塩沢町，長野県下諏訪町，埼玉県狭山市については，表3-1および図3-5を参照。
　　　*1　高校生についてのデータ。18・19歳は当日有権者49人で投票率は65.31％。　*2　高校生を除く。　*3　未成年を含まない。　*4　小学5年から17歳までが参加した「子ども投票」のデータ。　*5　18歳以上のデータ。　*6　18歳以上の永住外国人を含めたデータ。永住外国人の内訳は，春日部市101人，杉戸町6人，宮代町6人，庄和町14人。なお，この他にも若干名の永住外国人を含むデータを表示している場合があるが，その内訳については不明。　*7　中学生のデータ。　*8　正確なデータは不明。
（出所）塩沢（2009）に，2005年4月以降の新たな事例を追補。
　　　元データは各市町村の選挙管理委員会，もしくは自ら収集した新聞記事などの資料による。

達していない住民に参加を認めた事例として，陸上自衛隊誘致の是非をめぐって 2015 年 2 月に投票を行った沖縄県与那国町（中学生以上）と，新庁舎の建設計画をめぐって同年 5 月に投票を実施した愛知県新城市（18 歳以上）の 2 つのケースがある[17]。

　表 3-2 から明らかなように，未成年者の投票率は各市町村によってまちまちだが，全般的に未成年の住民投票に対する関心は高かったと言えるだろう。未成年が初めて投票に参加した秋田県岩城町では，18・19 歳の投票率は約 68％であったが，先に触れたように，町内在住のほぼ全員が投票に参加している。また輝北町のケースでは，高校生年齢の棄権者が 137 人中わずか 6 人で，投票率は町全体の数字を上回っている一方，18・19 歳では 49 人中 17 人が棄権している。このほか栃木県日光市，鹿児島県隼人町，および福島県飯舘村のデータからは，18 歳の投票率に比べて 19 歳の投票率が顕著に低いことが明らかとなっている[18]。これらの事例を含め，未成年の棄権者の中には，進学や就職などで地元を離れている者も多数いると思われる。したがって，未成年者の投票参加の割合は数字以上に高いという見方もできよう。

　それを裏付けるように，投票を済ませた未成年の有権者は，投票資格の拡大をおおむね歓迎している。岩城町の住民投票では，「身近なテーマの住民投票だから，投票した」「意見を聞いてくれてうれしかった」といった声や，「大人と視点は異なる」「せっかく得た権利。投票率が低いと格好悪い」などの意見が聞かれ，仙台市の専門学校に通う学生は，投票前日に実家に戻り 1 票を投じた（『秋田魁新報』2002 年 9 月 30 日）。また，平谷村で住民投票に参加した中学生は「難しくて迷ったけど，いろいろ勉強になった」「自分の意見を一票に託せたのがよかった」などと語っている（『信濃毎日新聞』2003 年 5 月 12 日）。

　ただ，一方では，「まったく興味がない。同世代はあまり投票に行かないと思う」と話す未成年者もいるなど，事例によっては未成年者の関心にも温度差が見られる（『大分合同新聞』2003 年 5 月 13 日）。加えて，投票日が受験シーズンと重なった市町村では，未成年者への PR に苦心したケースもあり，2003 年 2 月中旬に住民投票を実施した滋賀県長浜市では当初，高校生に的を絞った

呼びかけを計画し，市内の高校で「模擬投票」の準備を進めていたが，各校が難色を示したため選管も実施を断念した（『京都新聞』2003 年 2 月 13 日）。

　しかしながら，普段の選挙では最も若い世代の投票率が一番低くなるのに対して，図 3-8 および表 3-1 で示したように，住民投票では多くのケースで，未成年の投票率が 20 代よりも高い。これについては，「初めて投票資格を与えられた」ということがその一因として考えられる。たとえば，東京都選挙管理委員会が集計した若年層投票率のデータに注目すると，18 歳選挙権が導入される以前から，20 歳の有権者の投票率は，どの選挙で見ても 21 歳～24 歳の投票率を常に上回っている[19]。20 代全体で見れば，やはり平均投票率と比較して投票参加の割合は総じて低いが，初めて選挙権を得た 20 歳の有権者は，20 代のほかの年齢の有権者に比べると選挙に対する関心度が高いと言える。これと同様に，住民投票を経験した未成年者も，「初めての投票」に対して強い関心を抱いていたと考えられる。

　もちろん，それだけではなく，住民投票自体の分かりやすさやマスコミ等の注目度，教育現場における啓発などがあったことも見逃すことはできない。実際，未成年者が参加した市町村では，自治体職員や首長自らが地元の高校や中学に赴き，合併問題に関する説明や投票参加の呼びかけなどを行ったケースも少なくない。加えて，未成年者への投票権付与は，家庭内で合併問題について話し合う機会も提供した[20]。これら種々の要因も相まって，未成年者の投票意欲が喚起されたと思われる。

　では，未成年の賛否の行動には，何らかの特徴を見出すことはできるだろうか。一般投票と併せて「子ども投票」を実施した北海道奈井江町，同じく一般の投票とは別々に投開票を行った埼玉県富士見市のデータを用いて，一般の投票者と未成年者との賛否の行動の比較を試みたい。

　奈井江町の投票結果から見ていくと，18 歳以上が参加した一般投票（投票率：73.01％）で賛成 1,168 票（26.1％），反対 3,258 票（73.0％）に対し，子ども投票（投票率：87.21％）で賛成 71 票（15.7％），反対 378 票（84.0％）であった。一般の投票においても合併反対の意見は強かったが，子ども投票ではそれ

以上に反対票の割合が高い。また，富士見市の住民投票では，20歳以上の日本人が参加した一般投票（投票率：40.48％）で賛成23,021票（68.8％），反対9,972票（29.8％）と賛成票が圧倒的だったのに対して，18・19歳の未成年および申請登録した永住外国人4人による「投票資格者以外の市民の意思の把握のための投票」（投票率：17.37％）では，賛成171票（49.3％），反対176票（50.7％）と賛否が拮抗する結果に終わった。

奈井江町の場合には「子ども投票」の投票資格者数自体が少ないということ，富士見市の場合には未成年者の投票率が極端に低いことに，それぞれ注意を払わねばならない。ただ，これらのデータを見た限りでは，「若年層の反対傾向」は未成年者においてもある程度まで，同様に表れると言えそうである。若い人ほど反対票を投じる傾向が強い，ということから考えると，未成年者の場合は20代や30代の有権者以上に，より「分かりやすい」選択肢を選んでいるとの推測も成り立つが，この点の説明に関しては適切な資料が存在しないため，今後のデータの蓄積を待ちたい。

以上のことから，住民投票における未成年者の反応についてまとめると，投票に参加することに関しては総じて高い関心を有しており，賛否の判断に関しては，合併に慎重な姿勢を見せる者がほかの年代の有権者に比べて多かったと言える。つまり，未成年者に対する投票資格の付与は，政治的教育という観点から見ればその効用は大きいと言えるが，実際の投票行動の決定に直面したときには，一概には言えないが，判断能力に一定の限界があるという点も併せて指摘しておかねばならない。

ただ，未成年者の判断能力については当然ながら，一朝一夕に養成できるものではなく，長い目で見て育てていくという観点が求められる。また政治的教育という観点では，住民投票の場合で言えば，選挙権を得る前段階での参加経験が規定要因となって，政治的社会化のプロセスにいかに影響を及ぼしうるか，という点に着目する必要があるだろう[21]。

4．2016年参院選における若者の投票参加と課題

　ここまで述べてきたことも踏まえつつ，2016年参院選における若者の投票参加について，新たに有権者となった10代を中心に確認しておきたい。

　まずは2016年参院選における年代別投票率であるが，図3-9の通りであった。10代のみ全数調査で集計されており，ほかの年代についてはすべて抽出調査のデータとなる。初めて投票資格を与えられた10代の投票率は46.78％で，20代を10ポイント余り上回ったほか，30代とほぼ同程度という数字に終わっている。図3-9では参照データとして，直近の国政選挙の年代別投票率データもプロットしてあるが，20代以上の各世代に関しては2013年参院選や2014年衆院選と比較して，投票率に大きな変動は見られない。従来からの有権者であるほかの世代にとっては，2016年の参院選も新味に欠ける選挙だったと言えそうだが，そうした中でも，10代の有権者の関心は充分に高いものであった。加えて，10代の投票率が20代を上回るという傾向は，表3-1や図3-8でも示したように住民投票でも同様に見られたものであるが，合併の是非という地域の将来をめぐる住民投票であれ，多種多様な争点で争われる国政レベルの選挙であれ，若い世代の中でも10代の関心は相対的に高いものであり，注目に値する。

　10代のうち半数近くが投票参加したという結果は，18歳選挙権の「滑り出し」としては比較的満足できるものと言えそうである。とりわけ，10代を「18歳」と「19歳」に分けて投票率のデータを見てみると，19歳の42.30％に対し，18歳は51.28％であり，18歳に限れば全国の半数以上が参院選で投票している。既述のように，18歳の有権者には高校3年生も含まれているわけだが，彼らの存在が18歳の投票率を押し上げていると言える。

　たとえば，松山市選挙管理委員会が集計したデータによると，愛媛選挙区における同市内の投票率は18歳が44.76％，19歳が34.07％であったが，18歳の有権者4,996人のうち1,423人を占める高校3年生にあたる世代（1998年4

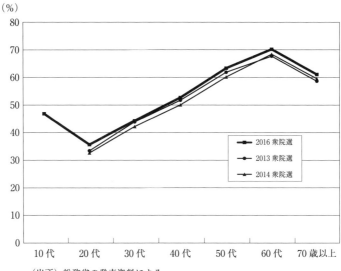

図3-9 2016年参院選および直近の国政選挙における年代別投票率

(出所) 総務省の発表資料による。
参照URL：http://www.soumu.go.jp/senkyo/senkyo_s/data/index.html
2017年12月16日最終確認。
※10代は全数調査のデータ、ほかの年代は抽出調査のデータである。

月2日～同7月11日生まれ）は66.97％と，市内全体の54.15％を大きく上回った（『愛媛新聞』2016年7月29日）。NHK放送文化研究所が行った調査でも同様の傾向は確認でき，調査に回答した18・19歳を学年別に分けると，「投票に行った」と答えた人の割合は，大学1年生や大学2年生などと比べて高校生が最も高い（河野・荒巻，2017）。主権者教育の効果などもあり，高校生の関心は特に高く，それがまた投票参加にも結びついていると考えられる。前節で上げた住民投票の諸事例からも，18歳のほうが19歳よりも投票率が高いという傾向は表れており，やはり18歳とりわけ高校生のうちに選挙を経験しうる世代に対してどのように意識づけを行い，政治的社会化を促していくかが非常に重要であることがわかる。

ただ一方では，高校生を除く18歳や19歳の投票参加に関しては，依然として課題は残っていると言える。中でも特に大きいのは，進学等に伴い実家を離

れた若者の「住民票の異動」の問題である。高校生を除く18歳や19歳の投票率の伸び悩みは，一概に彼らの「関心度の低さ」を表しているわけではなく，本章第2節の期日前投票所設置をめぐる動きの中でも説明したように，関心はあっても「住民票がないから投票しない（できない）」学生が少なからずいることが考えられる。実際，明推協が参院選後に行った既出の調査（注6参照）でも，「投票に行かなかった」人にその理由を尋ねた設問で，21〜24歳では「面倒だったから」や「選挙にあまり関心がなかったから」が棄権理由の第1位もしくは第2位だったのに対し，18〜20歳ではいずれも「現在の居住地で投票ができなかったから」が最も多く選ばれている。

　そうした傾向は，都道府県別の10代の投票率データからも垣間見える。47都道府県のうち，10代の投票率が最も高かったのが東京都（57.84％）で，神奈川県（54.70％），愛知県（53.77％）が上位3位までを占めている。中でも東京都は全国で唯一，10代の投票率が全年代の平均（57.50％）を上回るなど大都市圏では高い投票率を記録した一方，大都市圏から離れた地域に行くほど苦戦し，最も低かった高知県の30.93％をはじめ中四国の9県すべてと九州の4県（長崎，熊本，宮崎，鹿児島），および青森県では10代の投票率は30％台にとどまった。東京など大都市圏に居住する場合は，大学等に進学後も実家にとどまるケースが多く，住民票の問題は生じにくいと思われるが，やはり中四国や九州などの地方に行くほど，住民票を実家に置いたまま進学するケースが多く，そうした事情の違いが10代の投票率の地域差にも表れていると言える。

　10代を含む大学生世代の投票率向上を図るうえでは，住民票の異動を促すことも当然ながら重要ではあるが，より現実的な方策としては，不在者投票の利便性を高めるなどの形で，学生の投票環境を改善する取り組みも必要になると思われる。現状では極めて煩雑な仕組みでありながら，しかしそれでも，既出の明推協による調査によれば，18・19歳の不在者投票の利用率は全体と比べて突出して高いというデータもある[22]。2016年末には，不在者投票を行う際の投票用紙のオンライン請求を可能にする制度改正が行われたが，利便性の向上には依然として程遠いと思われ，学生の投票に関しては柔軟な対応が求め

られる[23]。

5．おわりに

　本章では2016年の参院選を前に導入された「18歳選挙権」に着目し，過去の住民投票において未成年者が投票参加してきた各地の経験も振り返りながら，選挙制度改正がもたらした変化や効果，残された課題について述べてきた。2000年代に入って以降，各地の住民投票においては10代の積極的な投票参加が見られてきた中，選挙に関してもようやく，18歳まで投票資格が認められるに至った。アドホックな形で行われる住民投票ではいわば，10代の未成年者の立場から見れば，投票資格が"偶然に"与えられてきたに過ぎない面もあったが，18歳選挙権の導入により，10代のうちから投票資格を得られることが"普通のこと"に変わったと言える。

　そのように考えると，全国の18歳の半数以上が投票参加したという「成果」を一過性のものに終わらせることなく，若者の継続的な参加につなげていくことを考えなければならない。そのことがひいては，民主主義の停滞を防ぎ，活性化をもたらす契機となると思われる。投票環境の改善などを通じた若者の「参加」を促す取り組みが求められると同時に，主権者教育の質的向上を目指しつつ，若者の「参加の実感」を高める取り組みが必要となるであろう。

　ただ，過去の住民投票の経験を改めて振り返ると，懸念材料も挙げておかねばならない。たとえば，選挙の実施時期によっては，若者とりわけ高校生の投票参加を促すうえで一定の制約がかかる可能性も，考慮しておく必要があるだろう。本章でも触れたように，投票時期が受験シーズンと重なった住民投票では，10代への投票呼びかけもままならなかったケースもあり，大学入試や春休みと重なる2月中旬に住民投票を実施した滋賀県長浜市では，当初準備を進めていた模擬投票の実施を断念し，1月下旬に，住民投票の制度を紹介するチラシ1,000枚を高校や専門学校など6カ所に配るにとどまった（『京都新聞』2003年2月13日）。地方レベルで実施される住民投票であれば，こうした影響

は当該市町村のみに限定されるが，全国的な注目度も高い国政選挙の場合，投票を呼びかける側はどのような対応を迫られるだろうか。仮に解散総選挙が1～2月の時期に行われた場合，とりわけ教育現場では，頭を悩ませる事態となることが予想される[24]。

しかしながら，より若い世代に投票資格を拡大することは，長い目で見ればプラスの面が多いように思われる。それは単に，若者自身に対する影響だけにはとどまらない。住民投票の実例においても，未成年者への投票資格の付与が，家庭内で合併問題について話し合う機会を提供する契機となったことを本章でも述べたが，高校生のうちから投票参加が可能となったことで，親子間での政治に関する議論をこれまで以上に促進することにもつながることが期待される。それはすなわち，子世代の意識向上もさることながら，親世代の政治参加意識が同時に問われることにもなるだろう。

18歳選挙権の導入以降に各地で行われている地方選挙では，10代の投票率が「大幅低下」「伸び悩み」などと捉えるメディア報道も一部ではあるようである[25]。導入後初めてとなった参院選では，ある種の「お祭り効果」が働いた面も確かにあったと思われる。だが，選挙権年齢の引き下げが実施されてから，"まだ"1年余りが経過したに過ぎない。現段階でそうした否定的な捉え方をするのは，早計であろう。18歳選挙権をより一層有益なものにしていくためには，今後とも地道な取り組みが求められることとなる。

1) 直近の事例でも，いわゆる「大阪都構想」の是非が問われた大阪市の住民投票や，都道建設計画見直しをめぐり投票が行われた小平市のケースでは，直近の各種選挙と比較して若年層の積極的な投票参加が見られた。塩沢（2017），同（2015）を参照。
2) この調査は，全国の選挙管理委員会1,963団体（都道府県47団体，指定都市20団体および行政区175機関，指定都市を除く市区町村1,721団体）を対象に，平成25年度～平成27年度を調査対象期間として実施されたものである。なお，平成27年度については，同年11月末までの実績と12月以降の予定を合わせたものである。
参照URL：http://www.soumu.go.jp/menu_news/s-news/01gyosei15_02000120.html
2017年12月16日最終確認。

このほか，牧之内（2016）も併せて参照。
3）高校での期日前投票所の設置箇所については，以下のサイトを参照。
http://www.akaruisenkyo.or.jp/2016sangi/2016sangi_local/
2017年12月16日最終確認。
4）筆者が勤務する鳥取大学鳥取キャンパスでも，6月30日の1日だけではあったが，期日前投票所が初めて開設された。鳥取大学の場合も，県内出身者の割合はおよそ3割前後であり，入学前から鳥取市内在住の学生となるとさらに少なくなるため，実際に期日前投票所を利用可能な学生はそう多くはない。
5）都市部の大学で期日前投票所設置の妨げとなる要因の1つとして，政令市における投開票の管理体制を挙げることができる。政令市の場合，選挙管理委員会は行政区ごとに置かれ，期日前投票も区役所や支所等で各行政区の有権者のみが投票できる。2016年の参院選でも，横浜市（慶應義塾大学），名古屋市（名古屋市立大学），京都市（龍谷大学），大阪市（大阪市立大学），神戸市（神戸市外国語大学），北九州市（北九州市立大学）の各大学で期日前投票所が設けられたが，いずれも特定の行政区に居住する有権者のみを対象としたものであった。つまりたとえば，慶應義塾大学日吉キャンパスに期日前投票所を設置した横浜市のケースで言えば，キャンパスのある港北区に住む有権者は利用可能だが，それ以外の横浜市民は慶應の学生や教職員であっても利用できないという形になり，利便性の面では一定の制約がかかることとなる。
6）参院選前と投票後に明推協が実施したインターネット調査による。2016年6月に行われた参院選前調査の対象者は全国の15歳から24歳の男女3,000人，7月に行われた投票後の調査対象は18歳から24歳の男女1,900人であった。
参照URL：http://www.akaruisenkyo.or.jp/060project/066search/6720/
2017年12月16日最終確認。
7）住民投票における若年層の投票参加についてはこのほか，今井（1997），今井（2000），渡辺（1997）や，『伊勢新聞』2001年11月14日などを参照。
8）このほか，渡辺（1997），『朝日新聞』新潟版1996年7月23日，『毎日新聞』新潟版1996年7月31日，『読売新聞』1996年8月5日も併せて参照。
9）このほか，宮崎県北郷町，福島県二本松市，岐阜県美濃市でも住民投票における年代別投票率の集計が行われているが，いずれも参院選あるいは県知事選との同日実施であったため，住民投票単独の効果を読み取ることが難しい。したがって，本章では詳細は省略することとする。また，前者のグループに属する埼玉県三芳町，同県上尾市のデータについては，塩沢（2004b）を参照。
10）なお，東出雲町では合併をめぐる議論がその後も途切れることはなく，2007年の町長選では再び合併問題が争点となる中，現職が新人に敗れ，新町長の下で2009年には松江市との合併協議がスタートした。2010年には再度，法定協設置の是非を問う住民投票が直接請求を経て行われ，今度は賛成が反対の倍以上の票を得て法定協の設置が決まり，その後2011年8月に松江市に編入合併された。
11）なお，住民投票の結果は「合併反対」であったが，この町長選では合併推進派の

候補が当選を果たしている。
12) 下諏訪町では，2003年12月の住民投票実施が決まると，同年9月下旬に30〜40代の42人が集まり「合併をすすめる会」が設立された。集会の開催や，新聞紙上での広告の掲載のほか，住民の関心を高める目的で独自のアンケート調査も実施した。『信濃毎日新聞』2003年9月28日，同11月21日，同11月30日などを参照。
13) 1999年9月の宮田町議選は，投票率77.96％であった。
14) 串良町に関しては，20代から60代に至るまでグラフの傾きに大きな変化は見られない。同町の住民投票の全体投票率は，直近の町長選，町議選と比べると20ポイントほど低いが，そのことに対しては，表3-1に列挙した各事例と同様の要因が働いているものと思われる。また，飯舘村の住民投票は，直近の村議選などと比較すると，投票率は25ポイントほど低い。普段の村長選や村議選では90％を超える高い投票率を記録しているため，地縁や血縁が投票率の高さに影響していると同時に，年齢によって投票参加の割合に差異が生じているとは考えにくい。住民投票の年代別投票率は，40代と50代の間でグラフの傾きがやや緩やかになっているが，そうしたケースは表3-1に示した事例の中にも見られるため，直近の選挙との年代別投票率の比較ができない限り，飯舘村の住民投票の投票率に対しては，表3-1の各事例と同様の要因が作用しているのかどうかは判断できない。さらに巻町に関しても，図3-1〜図3-7などの事例と同様のグラフの傾きが確認できるが，巻町の住民投票は投票率が58.7％とやや伸び悩み，直近の選挙と比較すると16ポイント程度低い数字であった。これについては，合併論議が原発推進・反対の対立にすりかえられたことに嫌気がさした町民が少なくなかったためと思われるが，グラフの傾きから，若年層における関心は直近の選挙と比較して相対的に高かったと推測される。
15) 表3-1の各事例のうち，斐川町および牟礼村の未成年については，高校生が投票資格者から除外されたことが低投票率の一因になったと考えられる。
16) なお，この事例を最後に合併に関する住民投票は行われていない。
17) また，18歳選挙権の導入以降に実施された住民投票はいずれも，公選法の規定に合わせて投票資格は「18歳以上」として行われている。2017年11月現在で，熊本県和水町（2016年10月），愛知県高浜市（同年11月），石川県輪島市（2017年2月），茨城県神栖市（同年10月），滋賀県野洲市（同年11月）の各事例が該当する。
18) 日光市では18歳：60.5％，19歳：31.7％。隼人町では18歳：42.1％，19歳：30.0％。飯舘村では18歳：54.6％，19歳：41.1％となっている。一方，埼玉県狭山市のデータでは18歳：32.5％，19歳：41.0％となっているが，狭山市の場合は首都圏の大学や企業から見て通学・通勤圏に位置している。進学や就職などで地元を離れる者も比較的少なく，年齢と投票率との比例関係がそのまま数字に表れたと思われるほか，投票日が1月下旬で受験シーズンでもあったため，住民投票に対する高校生の反応が鈍かった可能性が考えられる。

19) 参照 URL：http://www.senkyo.metro.tokyo.jp/election/nendaibetuchousa/ 2017 年 12 月 16 日最終確認。
20) 『読売新聞』静岡版 2003 年 1 月 27 日，『朝日新聞』北海道版 2003 年 10 月 22 日などを参照。
21) たとえば，奈井江町の住民投票から 10 年後の新聞記事の中では，当時中学生として「子ども投票」に参加した町民の話として，子供ながらも自分なりに真剣に考えて「反対」を投じ，1 人の町民としての自覚を促されたという回想が紹介されている（『毎日新聞』2013 年 1 月 5 日）。
22) 既出の明推協調査（注 6 参照）によれば，近年における不在者投票の利用率は，実際の選挙の調査結果によると 1％前後であるのに対し，参院選で投票に行ったと答えた人の中で，18 歳は 8.0％，19 歳は 7.3％が不在者投票をしたと回答している。
23) もっとも，法律上の規定では，居住実態のある地に住民票を置くことが求められている。しかしながら大多数の自治体では，居住実態の確認は不可能であるとして，選挙人名簿に登録したり不在者投票を認めたりしている。だが他方で，毎日新聞が 2016 年 11 月～12 月に全国の選挙管理委員会を対象に実施したアンケートによれば，2016 年の参院選で新たに選挙権を得た有権者のうち，72 市町村の計 2,909 人が居住実態がないことを理由に，不在者投票を申請したが認められなかったり，選挙人名簿に登録されなかったりした（『毎日新聞』2017 年 3 月 13 日）。現状では自治体によって，対応が分かれる部分もあるようである。
24) 真冬の時期の解散総選挙は避けられる傾向にあるとも言われるが，戦後以降で 25 回行われた総選挙のうち 4 回は，1 月または 2 月に実際行われている。直近では 1990 年の第 39 回総選挙が，1 月 24 日解散・2 月 18 日投開票であった。
25) たとえば，『朝日新聞』山口版 2017 年 6 月 20 日，『日本海新聞』2017 年 7 月 11 日，など。

参 考 文 献

1. 今井一（1997）『住民投票―20 世紀末に芽生えた日本の新ルール』日経大阪 PR 企画出版部。
2. 今井一（2000）『住民投票―観客民主主義を超えて―』岩波書店。
3. 蒲島郁夫（1988）『政治参加』東京大学出版会
4. 河野啓・荒巻央（2017）「18 歳選挙権　新有権者の意識と投票行動―『参院選後の政治意識・2016』調査から(2)―」『放送研究と調査』第 67 巻第 4 号，20-43 頁。
5. 牧之内隆久（2016）「18 歳選挙権と主権者教育を巡る問題」『選挙研究』第 32 巻第 2 号，56-61 頁。
6. 塩沢健一（2004a）「住民投票と首長選挙―両者の投票結果に見られる『民意のねじれ』とは―」『選挙研究』第 19 号，125-137 頁。
7. 塩沢健一（2004b）「『平成の大合併』を問う住民投票―若年層の投票参加に着目して―」『都市問題』第 95 巻第 11 号，99-125 頁。

8. 塩沢健一（2009）「市町村合併をめぐる住民投票―若年層・未成年者の投票参加―」『総合政策研究』中央大学総合政策学部創立15周年記念特別号，183-201頁。
9. 塩沢健一（2015）「東京都におけるベッドタウンの地域政治と若年層の投票参加―小金井市の『ごみ問題』および小平市の住民投票を通して―」『公共選択』第63号，61-89頁。
10. 塩沢健一（2017）「大阪都構想をめぐる有権者の関心と賛否の拮抗をもたらした要因 ―24行政区レベルのデータ等をもとにした基礎的分析―」『中央大学社会科学研究所年報』第21号，43-68頁。
11. 渡辺登（1997）「地方における『市民』の可能性 ―新潟県巻町における市民自治の試みから―」『都市問題』第88巻第2号，3-21頁。

第 4 章
選挙制度が政策空間に及ぼす影響：
比較制度分析からみた政策変化

三 船　　毅

1．はじめに

　55年体制崩壊の後，1995年に政権の座に戻った自民党橋本内閣からいくつかの大きな政策転換が行われ，それらは経済政策から安全保障まで多くの分野にわたっている。まず1980年代からの懸案であった通信や金融などの経済的規制の緩和は1990年代後半から著しく進展してきた[1]。さらに，近年では社会的規制の緩和が急速に進展してきたのである[2]。規制は官僚・政治家・経済界による鉄の三角形によりもたらされ，特に社会的規制は岩盤規制と揶揄されて強く存在しており，その改革は長年の課題であった。では「規制緩和を進展させた要因は何であるのか」，この問いに対する答えを示すのが本章の目的である。

　いくつかの先行研究から，この答えは1つではないことは示されている。社会的規制緩和という政策転換は国内政治のアクター，経済財政諮問会議などの新しい制度，国際社会の要請，国際環境の変化など多様な要因が作用していると考えられる。現在進展している社会的規制緩和の一部には，55年体制下においても民間企業が望んでいたにもかかわらず実行できずにあったのが，いま行われていると考えられる。規制緩和が総論賛成・各論反対であったならば，このように考えるのが当然であろう。そうであるならば，これまでは政策転換

を阻む要因が必ず存在していたと考えることは適当であろう。「規制緩和を進展させた要因は何であるのか」という問いに対する答えは，先に記したように多くの要因が絡んでいる。だが，社会的規制を存続させてきた最大の要因は鉄の三角形の存在である。したがって，規制緩和が進展しているのであるから鉄の三角形の一部が変化したと考えることは適当であろう。1996年から最も活動が変化したのは鉄の三角形のどのアクターであろうか。その答えの1つが政治家であることは間違いないであろう。1994年の選挙制度改正の後に国会議員の行動が変化したことはいくつかの実証研究（藤村，2010，品田，2006）で検証されている。よって，中選挙区制の下での議員行動が政策転換（規制緩和）を阻む要因であり，中選挙区では制限されていた議員の行動が，小選挙区ではその制限が解かれることになり，その結果としてこれまではできなかった政策が具現化してきたと考えられる。

　中選挙区では自民党議員は競合し，公共事業への依存は比重を増し続けてきた。さらに，鉄の三角形が存在することにより，領域ごとに仕切られた産業界は競争は少なく安定成長に寄与したが，多くの領域では政策が硬直して自由度を低めてきたのである。しかし，小選挙区の導入により，選挙区における鉄の三角形は変化し，議員行動も変化してきたといわれる（品田，2006）。また，比例代表選出議員は，小選挙区の有権者の指向性に依存しない政策領域をアピールしているともいわれている（藤村，2010）。このように選挙制度の変化が議員行動の変化をもたらし，その結果としていくつかの政策領域で変化が起きたとするのは穏当であろう。本章では，そのような政策転換として規制緩和を採り上げて，そのメカニズムを解明するが，特に小泉政権以降に打ち出されてきた社会的規制の緩和，構造改革特区に焦点を当てる。

　社会的規制の緩和は，それまでは遅々として進展しなかったが，小泉内閣は2002年に構造改革特区を作り，実験的に緩和を行い，その中のいくつかは全国的な規制緩和に拡大した。これまでは鉄の三角形といわれた官僚，政治家，業界団体の力関係の中で，規制緩和は総論賛成・各論反対であった。無論，この要因は官僚，経済界（業界団体）が自らの既得権益を維持しようとしてきた

ことによるものと考えられるが，その背後にある一因は中選挙区における自民党議員間の競合関係であったと考えられる。だが，その競合関係は選挙制度の変更で消滅した。小選挙区では自民党議員は1人であるから他の自民党議員と競合することはなく，族議員として選挙区内の業界団体との関係を他の自民党議員に遠慮することなく構築することも可能であろう。中選挙区制の下で社会的規制は，自民党議員と業界団体との間での支持，金，票の微妙な調整の下での均衡として存在していたのである。しかし，小選挙区では自民党議員は1人であるがゆえに調整は不必要であり，時代に適合した政策変化＝規制緩和が現れたと考えられる。以下では，本章の目的を少し限定して「規制緩和＝特区創設を進展させた要因は何であるのか」として，分析対象を「特区」に限定して進める。

しかしながら，選挙制度の変化した1993年から1996年にかけて，さらに特区ができる2002年から2003年頃までの特区創設に関わる政治家，業界団体の政治意識，行動に関するサーベイデータは存在しないので，計量モデルで推定することは不可能である。よって，ここでは1990年代から経済学の分野で進展してきた比較制度分析の枠組みを用いて，「社会的規制のある状況が制度＝均衡」として成立していたが，選挙制度の変更が議員行動を促して「社会的規制の緩和された状況が新たな制度＝均衡」として成立していることを理論的に検証する。具体的には，選挙制度が変化する前後の規制緩和の状況をゲーム理論を用いて分析し，規制緩和＝特区創設を進展させた要因について考察する。

構造改革などの政策変化に関する個別的事例の研究は多くある。しかし，これまでの規制緩和の総論賛成・各論反対を作り出した鉄の三角形の一部である政治家—業界団体の関係を触れずに，事例だけを見ても規制緩和のメカニズムを精緻に描写することはできない。無論，本章がすべてを説明している訳ではないが，これまでの論考の間隙を埋めることはできるであろう。

2．規制改革の過程

2-1　規制緩和を巡る状況の変化

　戦後日本における経済政策は，官僚，政治家（自民党議員），業界団体（利益団体）からなる日本版鉄の三角形により決定されてきたことは多くの研究者が認めるところであろう。これはまさに「仕切られた競争（村上 1992, 97 頁）」であったと言える（恒川，2010, 80 頁）。この鉄の三角形の存在が，日本の経済政策の中に規制を張り巡らしてきたのである。

　規制緩和は 21 世紀に入ってから，その一部が急速に進展することになるが，その萌芽は 1961 年の臨時行政調査会，1981 年の第二次臨時行政調査会で経済的規制緩和の方向が示されたことに見て取れる。その後，第二次臨時行政調査会の答申の推進方策を調査審議するために 1983 年に第一次行革審が設置され，さらに行政改革等への取り組み推進のために第二次行革審が設置されるにおよび，公的規制が「経済的規制」と「社会的規制」に分類された。この段階では経済的規制の緩和に主眼が置かれており，流通，物流，情報・通信，金融，エネルギー，農産物，ニュービジネス・その他，計 7 分野が検討され，第二次行革審の答申では公的規制の実質的半減が目標とされた。1992 年に第三次行革審が設置され，その最終答申では「官主導から民自律」への転換の理念が示され，民間活力の活性化による内需拡大が求められるようになっていった。しかし，この時期はバブル経済崩壊もあり，経済的規制の緩和は景気浮揚策としても考えられたのである。その後，第三次行革審の答申を受けて，1994 年に行政改革委員会が設置され規制緩和推進計画が策定され，電気・通信，運輸事業分野での規制廃止が提示され（久保田，2009, 3-11 頁）経済的規制の緩和は進展したのである。

　社会的規制の緩和は，その後の 1998 年に橋本内閣で行政改革推進本部の下に規制緩和委員会[3]が設置され推進されることとなる[4]。さらに 2001 年に小泉内閣成立とともに総合規制改革会議が設置され，「医療，学校，農業への株

式会社参入」「派遣労働者の領域拡大」そして規制緩和を試験的に実施する「構造改革特別区域制度」つまり構造改革特区の導入が決定され，特区制度による規制緩和が進められることとなったのである（久保田，2009, 10-11 頁）[5]。

規制緩和の1つとして，なぜ構造改革特区に焦点を当てるのかという理由は重要であろう。1980 年代から問題化した農産物輸入自由化，構造協議などは経済的規制緩和として早々に行われてきた。しかし，これは対外的要素が大きく，日本全国のマクロレベルの問題であり，自民党議員全員に関わる問題である。よって，自民党議員全員が同じ痛みを味わうことになる。しかし，社会的規制は安全，社会的弱者，公平性などの見地から行われ，国民一人一人に関わるミクロレベルでの問題であり，すぐに全国的に行うにはリスクが伴う。よって，実際には地域限定的な実験として特区制度が考えられたのである。しかし，地域を狭めるために特区の主たる対象は市町村とならざるを得ない。それゆえに，市町村を取り囲む中選挙区内の政治家間の力学が問題になるのである。

2-2 構造改革特区

構造改革特区（以下，特区と略す）は，2002 年に成立した構造改革特別区域法により 2003 年から進められた。特区は民間企業または地方自治体が規制緩和による特区を提案し，所轄官庁との協議を経て，特区の成否を閣議決定した後に地方自治体が特区認定の申請を行う。特区の狙いは，(1) 地域経済に応じた産業集積や新規産業創出による地域活性化，(2) 特定地域における規制改革の成功事例の提示により改革の全国的波及および日本経済全体の活性化（小野，2003, 2 頁）である。この特区に関しては補助金や税の特例措置などは一切無く，市町村の自発性が求められる状況となっている（岩城，2006, 114 頁）。特区推進本部によると，構造改革特区の分野は「国際物流」「産学連携」「産業活性化」「IT」「農業」「都市農村交流」「教育」「幼保連携」「生活福祉」「環境・まちづくり」「地方行革」「環境・新エネルギー」「国際交流・観光」に分類される（辻田，2005, 2 頁，小野，2003, 3 頁）[6]。特区の募集は 2017 年 5 月 22 日までに第 29 次募集と第 42 回認定が行われているが，年々その数は減少してい

る。認定数は累計で 1287 件である[7]。2003 年から 2005 年までの 9 回分の認定件数は 709 件であるから，年々数は減少している。このことは新規産業創出の難しさを表していると考えられ，特区の内容も年々同じものが多くなっており，近年では濁酒特区，ワイン特区が目立つ。

　特区は市町村の自律性を求められるがゆえに，自治体内に存在する政治家，業界団体・傘下企業，官僚らの関係が特区創出の重要なポイントとならざるを得ない。したがって，中選挙区では選挙区内で競合する自民党議員および系列議員，彼らに票と金を拠出する業界団体との関係の中では，特区創設により両者ともに既得権益が侵害される可能性が高いのである。小選挙区の下，特区の第 1 次提案を受けて行われた政府の事前調整において，医療，教育，農業分野では「自治体，民間企業，特区室＋首相」VS「中央省庁＋抵抗勢力」つまり所轄官庁，関係団体（業界団体），族議員が規制緩和に揃って異議を唱えたともいわれる（小野，2003，7 頁）。小選挙区では自民党議員は中選挙区と比較して，業界団体の調整に精を出すことは少なくなっている（品田，2006，107 頁）ともいわれるが，しかし自民党議員をはじめとして政治家は現在の選挙制度（小選挙区比例代表並立制）の下でも，支援団体である業界団体の既得権に配慮せざるを得ない状況に置かれているともいわれている。小泉政権が発足して特区が始まる直前の第 26 回経済財政諮問会議において，塩川正十郎議員は「そこ（社会的規制）に議員が裏についているからややこしくなるんです」とその実情に言及している（齋藤，2013，11 頁）。また，経済同友会も「既得権益者（業界団体等），族議員の抵抗が大きかった」ことが規制改革の阻害要因の 1 つであり，「規制により保護されている既得権益者は，規制を外されると失業したりする可能性があり，また，族議員は既得権益者の支持票を失う可能性がありました。そのため規制改革案に激しく抵抗してきました」と述べている（齋藤，2013，12 頁）。小選挙区制の下でも規制緩和に対してこのような状況であるのだから，中選挙区制の下では規制緩和に対する既得権益者（業界団体等），族議員の抵抗は遙かに大きかったと推察することは過ちではないであろう。

2−3 選挙制度改革と議員行動の変化

　選挙制度は1994年に公職選挙法が改正されて，中選挙区制から小選挙区比例代表並立制となった。選挙制度変更の最大の理由は「お金の掛からない選挙にするため」といわれてきた。中選挙区制では自民党議員は選挙区内で競合するがゆえに，地元有権者に過剰なサービスをするからお金が掛かるということである。そのために自民党議員は業界団体からの金と票を当てにしてきたのである。では，小選挙区への制度変更は自民党議員の行動にいかなる変化をもたらしたのであろうか。品田（2006, 107頁）は「広い選挙区で政治的に近い立場の相手と行う競争の下では，一部の有権者の支持を地理的にあるいは職業的に確実に固めることで勝利する方法は適合的である。しかし，この方法は新制度下では必ずしも最適ではない。」……「かつてのように選挙区の中の地域予算獲得競争で政策的に類似した相手との差異化を図ったり，県土とそうかわらないサイズの中選挙区で複数いる代表の1人として調整ゲームに精を出すという状況は，もはや少ない」と論じる。さらに，品田（2006）は1987年と2002年の国会議員対象のサーベイデータから，自民党議員と業界団体の接触頻度は低下しているが，接触した相談内容では「地元利益調整」「団体利害」が増加していることを示している。このことは，自民党議員は選挙戦で多くの業界団体に強く依存することはなくなったが，議員も業界団体も小泉構造改革における公共事業の減少という状況で，依然として互いに利益調整に精を出しているともとれる。なぜならば，2002年のデータからして，増加した相談内容の「地元利益調整」「団体利害」は特区に絡んで業界が動き出したからとも考えられるのである。

3．モデルの枠組み

　中選挙区制の下でも規制緩和を巡る動きは存在していた。だからこそ「総論賛成・各論反対」という言葉が存在していたのである。塩川の発言や品田の論考を踏まえるならば，中選挙区制では規制緩和を阻むメカニズムが存在してい

たとするのは適当な仮説である。では，この規制緩和を阻むメカニズムをどのようにして描き出すかが問題となる。

3-1 比較制度分析による分析枠組み

本章の目的である「規制緩和＝特区を進展させた要因は何であるのか」という問いに対して，本章では前項の考察を基礎として，次の仮説をもとにモデルを構築して理論的に検証する。

仮説：「選挙制度の変更に伴い自民党議員の行動が変化して鉄の三角形の一部，特に自民党議員と業界団体の関係が変化し，規制緩和を阻むメカニズムが機能停止し，その結果として規制改革の1つの形態として構造改革特区が可能になった」

だが，データによる検証は残念ながら不可能に近い。よって，ここでは理論的に究明していくしか方法はない。では，いかなる方法が最適なのであろうか。本章では比較制度分析の枠組みを用いて，このテーマに答えを与える。

比較制度分析という名称であるから制度に着目するが，ここで着目するのは選挙制度ではない。中選挙区および小選挙区で鉄の三角形の一角を成していた，自民党議員と業界団体の関係を「制度＝均衡」と捉えるのである。中選挙区における「自民党議員―業界団体」の関係が規制緩和，特区創設に反対するように作用していたのが，小選挙区では規制緩和，特区創設に賛成するように作用するように変化したことを，この「制度＝均衡」の変化から読み解くのである。比較制度分析における制度は，自民党議員と業界団体が企図していることについて「安定した予想をもって行動選択する仕組み（Aoki, 2001＝01, 4頁）」なのである。比較制度分析では，この仕組み，つまり「制度」をアクターによる選択の結果であり，均衡とするので，ゲーム理論を用いて論理的に表すのである[8]。

中選挙区制では，社会的規制緩和としての特区創設は実際には行われていない。潜在的には，その希望はあったと考えられるが，歴代政権は行えなかった。したがって，中選挙区制では行われていないのであるからデータはなく，

自民党議員，業界団体が中選挙区制の下で特区構想に反対してきたことをデータから実証的に分析するのは不可能である。ゆえに，潜在的需要としての特区を阻んできたメカニズムをみるのであり，中選挙区制における特区創設の可否を巡るアクターの動きを比較制度分析の中でモデル化して，そのメカニズムを考察する。特区創設を阻んできた最大の要因，つまり特区に反対するという均衡を導くアクターの戦略を採り出して，パラメータを変化させて小選挙区の状況を作り出したときに特区が可能となることを理論的に検証するのである[9]。

3-2 アクターの特徴

　日本の民間企業の活動に対する規制は大別して経済的規制と社会的規制があるが，いずれも鉄の三角形により強固に存在してきた。鉄の三角形のアクターは官僚，自民党議員，業界団体である。官僚がこの一角を成すのは，まさに規制を作る側であり，その背後に族議員政治家の存在が窺えるからである。さらに，官僚がこのような行為をするのは自分たちの既得権益，天下り先を死守するためともいわれる。しかし，ここで分析対象とするメカニズムは選挙制度の差異がもたらす議員行動と，その背後にある選挙戦における金と票を巡る議員と業界団体・企業との関係である。官僚機構の存在も規制が残存してきた大きな要因であるが，本章では，鉄の三角形の一部である自民党議員―業界団体の関係変化が分析の中心である。

　よって，官僚を積極的に分析モデルに組み込み煩雑にする必要はない。したがって，ここでは自民党議員と業界団体・傘下企業だけでモデルを構築する。では，これら2つのアクターの合理性を示す行動基準を示しておく。着目する点は期待利得をもたらす経路である。特区創設において，両者に期待利益をもたらす経路は2つ考えられる。1つは自民党議員の地盤としての市町村であり，もう1つは自民党議員の所属委員会である。なぜならば，規制を作る所轄官庁は議員の所属委員会と深く関係しているからである。

［自民党議員の行動基準］

　中選挙区において自民党議員は複数存在して，競合する関係になっている。したがって，自分以外の自民党議員が選挙で有利になる可能性をもたらす状況は好ましくない。もし，特区が中選挙区内にできれば，その特区を申請した市町村を地盤とする自民党議員に対して，系列地方議員や特区事業者となる企業から票と金の還流が期待される。また，特区の内容に深く関わる委員会に所属する自民党議員も，事業者となる企業からの票と金の還流が期待される。これら２つの理由により，他の自民党議員は特区に反対するのである。中選挙区における特区の在り方を考えてみると，提案と申請においていくつかの組み合わせが存在することになる。しかし，結果としては，どのような組み合わせにおいても，自民党議員は自分自身の期待利益が損なわれないように行動するために特区に反対する。

［業界団体・傘下企業の行動基準］

　中選挙区の区域には，業界団体の傘下企業が複数存在している。また，区域内の各市町村にも業界団体の傘下企業は複数存在している。特区は地方自治体や企業が提案して，地方自治体が申請するが，特区で事業者になるのは主に企業である[10]。よって，もし企業が特区で事業者になりたい場合には，傘下企業をとりまとめる業界団体との関係において足並みが揃わないと特区創設は難しいのである。

　ここから２つの状況が想定される。第１の状況は，特区創設により既存の業界団体の市場に新たな業界団体・傘下企業が事業者として参入しようとする場合である。この場合は，新たな業界団体・傘下企業は特区に賛成するが，新たな業界団体も自民党議員との関係は間違いなくあるから，その利害調整にコストが掛かる。また，当然ながら既存の業界団体は特区に反対する。第２の状況は，特区による規制緩和が期待される市場で，これまで活動してきた既存の業界団体傘下の企業が特区の事業者になろうとする場合である。中選挙区下の各市町村には既存の業界団体傘下の企業が多く存在しているから，どこかの市町村で特区が認められるのは基本賛成であるが，他の市町村に存在する傘下企業

は相対的に不利益を被る。よって，既存の業界団体の傘下企業は混乱する。さらに選挙区内の自民党議員間の利害調整にコストも掛かり既存の業界団体としては利得が増えることはない。したがって，既存の業界団体では総論賛成・各論反対となり，特区創設には反対する。藤田（2005, 146頁）は日本社会を「全員の『合意』ないし『和』が前提となり，また，一部の強者の突出を許さず，集団の構成員全体に利益を平等に配分することを重視する特徴がある」と論じている。よって，特区などの規制緩和に関して，総論賛成・各論反対の状況は，我が国特有の事情，つまり「出る杭は打たれる」「根回し文化」「『和』の文化」などに，その由来が求められる（齋藤，2013, 16頁）のかもしれない。

4．モデルの分析

4-1 中選挙区における特区を巡るゲームの枠組み

　では，規制緩和における特区創設の過程を，業界団体と自民党議員によるゲームとして再構成してみる。中選挙区において規制緩和は，鉄の三角形により総論賛成・各論反対となっていた。中選挙区制において規制緩和を総論賛成・各論反対とさせる業界団体・傘下企業と自民党の状況を考えてみる。

（1）業界団体・傘下企業の状況と反応

①基本的状況：業界団体は傘下企業間の過当競争を防ぎ，利害調整のために存在する。さらに業界団体は自らの既得権益を守るために規制を利用してきた。業界団体は全国組織の下に都道府県支部，さらに政令市，中核市には支部が存在する場合が多い。

　認定される特区は，1つの市町村が基本である。2003年から2005年の9回にわたる認定分では，認定された498のうち，377が1つの市町村である。中選挙区は複数の市町村から構成され，中選挙区の区域には業界団体の傘下企業が多く存在する。

　業界団体が特区などの規制緩和に反対する理由は主に2つある。第1に，他の業界団体が市場へ新規参入することにより既得権益が損なわれるからであ

る。第2に，業界団体内部での過当競争を防ぐことにより，業界団体傘下企業の既得権益を守るためである。第1の理由は自明であろう。では，第2の理由に関して以下で②特区の区域，③特区の内容，④特区の区域と内容，⑤業界団体の総合的な判断，に分けて考察する。

②特区の区域：特区は自治体・企業が提案して，自治体が申請する。特区において事業者となる可能性のある企業は複数存在し，企業は事業者になれば規制緩和による期待利益が見込まれる。ここに自民党議員が影響力を行使する余地が生まれる。なぜならば，地盤を基礎として自民党国会議員―県議会議員―市町村議会議員の繋がりからなる系列が存在するからである。この系列化により，自民党議員は地盤とする市町村を特区にして業界団体からの票と金の還流を図る。しかし，他の市町村を地盤とする自民党議員は不利益を被ることになり，特区に関して業界団体に異を唱える。したがって，業界団体は事業者（企業）選定と自民党議員間の利害調整をしなくてはならない。

③特区の内容：特区の内容は各省庁が所管する規制と深く関わっている。よって，ある特区の内容に関する委員会に所属する自民党議員は，そのような特区が認定されれば業界団体からの票と金の還流が期待される。しかし，その委員会に属していない自民党議員は相対的に不利益を被るから反対する。したがって，業界団体は自民党議員間の困難な調整をしなくてはならない。

④特区の区域と内容：②と③が重なる場合もある。ある市町村で申請された特区に関して，その市町村を地盤として，かつ特区の内容に深く関わる委員会に所属している自民党議員は票と金の還流が期待できる。しかし，他の自民党議員は不利益を被ることになり，業界団体は自民党議員間の困難な調整をしなくてはならない。

⑤業界団体の総合的な判断：②③④より，特区に指定された市町村の事業者（企業）だけが利益を得るようなことになると，業界団体は他の傘下企業間と困難な利害調整をしなくてはならない。もし，特区を認めれば，当該自治体を地盤とする自民党議員を優遇することになる。なぜならば，事業者である企業から票と金がその自民党議員に還流することが期待されるからである。その結

果，他の自民党議員は相対的に不利益を被ることになり，業界団体に対して彼らは特区創設の中止を求める。よって，業界団体は規制緩和には総論賛成であるが，特区に対しては各論反対となる。

(2) 自民党議員の状況と反応

①基本的状況：中選挙区は複数の市町村から構成され，定数は3〜5議席であり，自民党議員は複数存在している。よって，選挙のときには自民党議員同士で競合する。

自民党議員が特区などの規制緩和に反対する理由も主に2つある。第1に，それまで自分と関係が深い既存の業界団体の市場に別の業界団体が新規参入する場合である。このとき新規参入の業界団体は，既存の業界団体の既得権益を侵すことになる。自民党議員は新規参入の業界団体から票と金の還流が期待できるかもしれないが，リスクも存在する。よって，リスクを避けて既得権益を守るために特区に反対して業界同士の競争を回避させる。

第2に，規制緩和による特区は自民党議員の地盤と所属委員会に関連する。したがって，中選挙区内の自民党議員間の競争に影響を及ぼすから反対する。第1の理由は自明であろう。では，第2の理由に関して以下で②特区の区域，③特区の内容，④自治体の対応，⑤自民党議員の総合的な判断，に分けて考察する。

②特区の区域：中選挙区では自民党議員は複数存在しているから。自分以外の自民党議員が地盤とする市町村が特区になることに関しては反対する。なぜならば，自分以外の自民党議員が関わる特区ができれば，その特区で事業者になる業界団体・傘下企業からその自民党議員に票と金（期待利益）が還流するからである。よって，その分だけ本来自分のところに回ってきたはずの票と金が減ることになる。

③特区の内容：自民党議員の間にはキャリア，派閥により選挙区内に序列が存在する。この序列により，国会における所属委員会も決まる。もし，ある委員会に深く関わる内容の特区ならば，その委員会に所属している自民党議員に業界団体・傘下企業である企業から票と金が還流する。また，特区に関わる委

員会の自民党議員がいなくても，次の選挙でその委員のポストを序列上位の議員が取るかもしれない。よって，誰か1人の自民党議員は賛成するかもしれないが，ほかの自民党議員は反対する。

　④自治体の対応：自治体は内容の異なる特区を複数申請することも可能である。しかし，特区の趣旨からして1つの自治体が複数申請してもすべて通る可能性は低い。地方では自治体，企業のリソースは限られている。仮に1つの自治体が内容の異なる複数の特区を申請するのであれば，その自治体を地盤とする自民党議員が有利になるだけであり，他の自民党議員は特区に反対する。内容の異なる複数の特区を申請することは，複数の業界団体が傘下企業の利害調整をするだけで，1つの特区申請と状況は変わらない。また，複数の市町村が同じ内容の特区を申請することもあるが，その場合は，内容に深く関わる委員会に属するか，もしくは近い自民党議員が有利になり，ほかの自民党議員は反対して業界団体は困難な調整をしなくてはならない。

　⑤自民党議員の総合的な判断：②③④より特区に指定された市町村を地盤とする自民党議員は，その業界団体からの票と金の還流が期待される。また，特区の内容に関わる委員会に所属する自民党議員もその業界団体からの票と金の還流が期待される。しかし，それらに該当しない自民党議員は期待利益を相対的に減らすことになるから特区に反対する。したがって，地盤や所属委員会が特区に関係する自民党議員であっても周囲の状況を考慮すれば，特区創設を断念するほうがよいのである。

　以上，自民党議員と業界団体・傘下企業の特区創設に対応する反応を中選挙区の下で考察した。最も単純な場合は，中選挙区における1つの市町村が特区となる場合である。しかし，特区の提案から申請までは多様な場合が想定される。たとえば，中選挙区におけるすべての市町村が同じ内容の特区を申請することも，認定されるか否かは別として可能である。また，同様にすべての市町村で異なる内容の特区を申請することも可能なのである。さらに規制緩和という観点に立てば，新たな業界団体が市場に新規参入することも考えられる。では，想定されるすべての場合における「業界団体・傘下企業」と「自民党議

第4章 選挙制度が政策空間に及ぼす影響：比較制度分析からみた政策変化

表4-1 業界団体・傘下企業と自民党議員の状況と反応

			業界団体・傘下企業	自民党議員
Ⅰ 基本的状況			◆業界団体は傘下企業の利害調整のために存在する。 ◆中選挙区には業界団体の傘下企業が複数存在する。 ◆特区認定は1つの市町村が基本となっている。 ◆中選挙区は複数の市町村から構成される。	◆中選挙区では自民党議員は複数存在する。自民党議員の間には，キャリア，派閥により序列が存在する。 ◆中選挙区内の自民党議員は，序列により国会内の所属委員会が決まる。同一選挙区内では，同じ委員会の議員は存在しない。自民党議員は，中選挙区においては互いに競争関係にある。 ◆自民党議員は中選挙区内で地盤となる市町村を有している。 ◆自民党議員は，業界団体と地盤からの票と金を期待利益としている
Ⅱ 特区創設で新たな業界団体の新規参入あり			◆業界団体は規制により他の業界団体が市場に新規参入するのを阻み既得権益を守っている。したがって，特区により規制緩和され，他業界団体が市場に参入する可能性があるので，特区に反対する。	◆それまで支持してくれた業界団体の利益を損なうから反対する。 ◆自民党議員にとっては特区により他の業界団体が自分に期待利益をもたらす場合もあるが，他の議員が期待利得を増やす可能性がある。したがって反対する。
Ⅲ 特区創設で新たな業界団体の新規参入なし	単一の市町村が特区を申請	1つの分野の特区 ①	◆中選挙区内の1つの市町村が複数分野の特区を申請する場合，基本的には市町村内の1つの企業が事業者となる。よって，同一市町村内の傘下企業との軋轢が生じる。また，ほかの自民党議員との関係から中選挙区内のほかの市町村の企業とも軋轢が生じる。 よって，その軋轢の調整をしなくてはならなくなり，業界団体としては総論賛成・各論反対となる。	◆中選挙区内の或る1つの市町村が特区を申請する場合，その市町村を地盤とする自民党議員は利益を得るが，他の自民党議員は相対的に利益を失うから，特区に反対する。 ◆特区の内容については，その内容に深く関わる委員会に属する自民党議員を利することになる。よって他の自民党議員は特区に反対する。 ◆もし地盤とする自民党議員と特に深く関わる委員会に属する自民党議員が異なっても，中選挙区では互いに競争するから，特区に反対する。
		複数の分野の特区 ②	◆中選挙区内の1つの市町村が複数分野の特区を申請する場合は，複数の業界団体が傘下企業の利害調整をすることになる。 ◆もし，自民党議員が複数の特区の内容に関わる委員会に所属しているなら，複数の特区の成立も想定されるが，特区の趣旨からしてすべて成立する可能性はない。 よって，特区の内容に依存する優先順位による業界団体の競争となり，総論賛成・各論反対となる。	◆1つの市町村で複数分野の特区が申請されるならば，その市を地盤とする自民党議員が有利になるが，他の議員は不利になるから反対する。 また，複数特区であるから内容に関わる委員会に属している議員がいれば彼らが得することになるが，他の自民党議員は選挙区内で競合しているから反対する。
	複数の市町村が特区を申請	1つの分野の特区 ③	◆複数の市町村が同じ分野・内容の特区を申請する場合は，その業界団体としては基本的には賛成。しかし，それらの市町村を地盤とする自民党議員は利得を有するがそうでない自民党議員は反対し，利害調整のコストは高くなる。 また，特区に深く関わる委員会に所属する自民党議員がいれば他の議員は特区に反対するので，その調整コストも高くなる。 よって，総論賛成・各論反対となる。	◆複数の市町村が同じ内容の特区を申請する場合は，その市町村を地盤とする自民党議員および，その特区に深く関わる委員会所属する自民党議員は票と金を得ることができるが，それ以外の自民党議員は反対する。また，そのような議員がいないならば序列上位の議員が票と金を得る可能性が高くなる。 よって，反対する議員がいる。
		複数の分野の特区 ④	◆複数の市町村が複数の異なる特区を申請する場合，1-①②③が同時に成り立つことになる。 よって，各業界団体は参加企業および自民党議員間の利害調整が困難になり，総論賛成各論反対となる。	◆各自民党議員が地盤とする市町村が特区であり，それぞれの特区に深く関わる委員会に自民党議員が所属していても（このようなことはあり得ないが），選挙区内の自民党議員の序列により利害関係が発生する。 ◆現実的には，最も大きな市が特区ならば，そこを地盤とする自民党議員が有利となる。 よって他の議員は反対する。

員」の状況と反応を表4-1に記しておく。まず，表のⅠは「基本的状況」として各アクターの置かれている基礎的状況である。Ⅱは新規参入の業界団体への反応である。Ⅲ①②は選挙区の中のある1つの市町村が特区を申請する場合である[11]。この状況は実際に第1回は1069件の申請，それ以降の第2回から第5回までは各回500件を超えており，1つの自治体が複数の特区を申請している状況が窺える。

　Ⅲ①は1つの分野の特区，Ⅲ⑤は複数の分野の特区を申請する場合である。Ⅲ③④は中選挙区内で複数の市町村が特区を申請する場合である。Ⅲ③は複数の市町村が同じ分野の特区を申請する場合，Ⅲ④は複数の異なる分野の特区を申請する場合である。たとえば，都道府県が単独で申請する場合がこれらの場合に相当する[12]。

4-2　中選挙区におけるゲーム

4-2-1　ゲームのプレイヤーと表現形式

　では，前項でみた業界団体・企業と自民党議員の関係を，比較制度分析の枠組みからゲームとして捉えてみる。ゲームはある業界団体に所属する企業が，特区の申請をしようとしている状況下で行われるものとする。業界団体は，このような状況で自民党議員を応援するか否かを選択する。もし，業界団体に応援してもらえるならば，自民党議員は特区創設に対して賛成か反対かを選択する。これがゲームの基本的な進行である。

　プレイヤーは中選挙区における1人の自民党議員と，特区を提案しようとする企業が属している業界団体である。だが，特区を提案して事業主体となる企業には2つのタイプが考えられる。よって，企業のタイプの違いによりゲームの状況が異なるのか否かを確認しておく。まず，(1) 特区に関わる規制の存在する市場ですでに活動してきた業界団体の傘下企業である。これを以下「既存企業」とする。次に(2) 規制緩和により新たに市場に参入しようとする業界団体傘下企業である。以下「新規企業」とする。では，この2つの企業タイプに分けて，ゲームの状況を考えてみる。

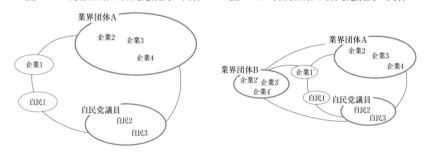

図4-1 既存企業と自民党議員の関係　　**図4-2** 新規企業と自民党議員の関係

[1] 既存企業（図4-1）　業界団体Aは，傘下企業の企業1の特区提案に対して，自民党議員（自民1）が賛成すると傘下企業（企業2, 3, 4）の利害調整が必要となる。また業界団体Aは他の自民党議員（自民2, 3）との関係（応援）の調整も必要となる。よって，自民1がもし賛成するなら，自民1は業界団体Aおよび自民2, 3と対立することになる。自民1が特区に反対ならば対立関係は生じない。

[2] 新規企業（図4-2）　業界団体B傘下の企業1'の特区の提案に対して，業界団体Aは占有していた市場に企業1'が参入しようとするのであるから反対する。業界団体Bは自民党議員（自民1）が賛成すると他の傘下企業（企業2', 3', 4'）の利益調整が必要となる。また，業界団体Bは他の自民党議員（自民2, 3）との関係（応援）の調整も必要となる。この場合，自民1がもし賛成するなら，自民1は業界団体Aおよび業界団体B，さらに自民2, 3と対立することになる。自民1が特区に反対ならば対立関係は生じない。業界団体AとBは対立しているが，自民1に対しては同じ態度であるから，AとBを1つの団体と見なせば，ゲームは [1] と同じになる。したがって，[1] [2] で見たように，特区創設に対する業界団体と自民党議員の状況は同じ構造であるから，ゲームは同じものとすることができる。

では，この状況をゲームで再構成してみる。プレイヤーは特区の提案をする企業が属する業界団体と，1人の自民党議員である。ただし，自民党議員は，

特区を申請する市町村を地盤とするか，特区の分野が自身の所属委員会に関連しており，特区創設により最も期待利益が大きい議員とする。もし，このような自民党議員でさえも結果として賛成しないならば，他の自民党議員も賛成しないのである。ただし，このような仮定がなくても自民党議員は複数存在するから，序列が低くても複数の議員らが反対すれば，このような序列の高い議員も賛成できない状況が業界団体を通じて作り出されることになる。

　自民党議員にとって，ほかの自民党議員の地盤や所属委員会に関わる特区ができることは，自分の既得権益である地盤や業界団体からの票と金（期待利得）が減少する可能性が高くなるのである。だが，業界団体も自民党議員も特区創設により，事業者である企業の収益が上がれば両者の利益になるはずであるが，双方はともに内部に競争者を抱えて，その調整に多くのコストが掛かることにより，特区はないほうが安定した利益を得ることができることになる。

　特区の提案は主に業界団体傘下の企業と自治体が行い，所轄官庁による調整の後に申請は自治体が行う。また，最終的な事業者は企業であるが中選挙区，市町村という広域であるがゆえにそれをとりまとめるのは業界団体である。よって，実際に特区の提案は事業者となる企業がすることになるが，自民党議員との関係は業界団体がとりまとめているから，業界団体が自民党議員を応援するか否かがゲームの出発点（第1ノード）となる。次いで，第2ノードで自民党議員が特区に賛成するか否かを選択する。このゲームは中選挙区において企業が特区創設を目指し，業界団体は総論賛成・各論反対の状況にあり，自民党議員がその状況に対応することになる。よって，自民党議員が反対したならば特区はできないが，特区創設（規制緩和）を目指す企業は潜在的に複数存在するから，企業が属する業界団体が入れ替わりゲームは繰り返されることになる。

4-2-2　ゲームの利得

　ゲームは業界団体が自民党議員を応援するか否かの選択に始まり，その結果として応援される自民党議員が特区に賛成か反対かを選択するものであるか

ら，完全情報の展開ゲームとして表現される。では，このとき業界団体と自民党議員の利得を表しておく。図4-3の括弧で示す行ベクトルが各プレイヤーの利得であり，左側が業界団体の利得，右側が自民党議員の利得である。第1のノードで業界団体は自民党議員を応援するか否かを選択する。第1ノードで業界団体が自民党議員を応援しない場合は，自民党議員との関係はなく，業界団体も自民党議員も利得はなく（0，0）となる。

次に，第1ノードで業界団体が自民党議員の応援をするならば，第2ノードで自民党議員が特区に賛成か反対かを選択する。自民党議員が賛成したときには特区が創設されるので，業界団体は自民党議員に対して見返りとしてしかたなく期待利得αを約束する。つまり，自民党議員は賛成したときはその見返りとして，そのときだけ破格のα（$\alpha > \pi$）という期待利得を得る[13]。業界団体は企業の特区創設による期待利得としてβを見込む。ただし，このときのβは業界団体傘下の他企業との関係調整，選挙区内の他自民党議員との関係調整に掛かるコストを差し引いたものである。自民党議員が反対したときには特区は創設されないから，業界団体は通常の関係を維持するための期待利得πを自民党議員に約束する。このとき業界団体は通常の経済活動により得る利得をΓとすると，そこからπを差し引いた$\Gamma - \pi$を期待利得とする。

このゲームが行われた後にも，同じゲームが繰り返されるとする。その場合，業界団体は一度でも特区に賛成した自民党議員への応援割合を小さくする。応援割合とは複数いる自民党議員に対して業界団体が行う応援の配分比率である。自民党議員は複数存在するから，自分に割り当てられる応援割合は戦略の重要な要素になる。また，何らかの理由で落選する確率をσとする。現在落選している自民党議員への応援割合をρとする。以前に一度でも特区に賛成していたらρ_s，そうでなければρ_dとする。ただし，業界団体は入れ替わるが，同じゲームが中選挙区における特区創出として繰り返し行われるのである。ゲームは，ある時点の選挙から次の選挙の時点までの間に行われるものとする。よって，自民党議員に与えられる期待利得は選挙で当選を目指すための票と金（応援）である。図4-3のゲームの構造は繰り返しゲームでよく用いら

図4-3 業界団体と自民党議員のゲーム

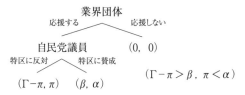

れる構造であり，「同一のプレイヤーとは1回のプレイであるが，異なるプレイヤーが同じ状況を何度も繰り返しプレイする状況」である[14]。図4-3のモデルとほぼ同じ構造を持つゲームの例としては，渡辺（2008, 309頁），グライフ（Greif, 2006 = 09, 67-78頁），岡崎（2010, 41頁）がある。

繰り返しゲームにおいては，最終的に均衡を見極めるための利得は，平均利得または割引因子により現在価値に変換された割引利得の和を用いる。よって，ここでは図4-3の利得から割引因子を用いて現在価値に変換された割引利得の和を算出し，そこから均衡を求める。わかりやすくするために，先に結論を述べておくと，業界団体が「応援する」，自民党議員は「特区に反対」が部分ゲーム完全均衡となっており，双方の利得は（$\Gamma-\pi$, π）となる[15]。

4-2-3 プレイヤーの戦略

特区創設を求める企業の属している業界団体の戦略は，以下の①②③になる。ただし，業界団体の他の傘下企業は，特区創設により不利益を被る。この状況で，業界団体は次のような戦略をとる。

①ある企業が特区を提案している。提案はある選挙の終了後から次の選挙開始までの間に行われる。業界団体は自民党議員を応援するか否かを決定し，応援するのであれば業界団体は自民党議員対して破格の利得 α を与える。そのときの業界団体の利得を β とする。β は傘下企業の納付金や特区創設で見込まれる企業の期待利得を含み，そこから α および他の自民党議員，業界団体への調整コストを差し引いたものである。業界団体は自民党議員が特区に反対のときは利得 π を与える。ただし，π は自民党議員の誘因整合性制約を満たす。業界

団体の利益はΓ-πである。Γは傘下企業の通常活動による利益であるが，他の自民党議員，業界団体への調整コストを差し引いたものである（Γ-π＞β）。

②自民党議員が賛成したら，特区ができる。しかし，その業界団体からの彼への応援割合は次の選挙では少なくなる。なぜならば，特区創設により業界団体は傘下企業間の利害調整，およびほかの自民党議員間の利害調整をしなくてはならないからである。

③一度でも賛成した自民党議員に対しては，当該業界団体は彼が団体内部を混乱させたこと，ほかの自民党議員間の調整コストが掛かったことから，次の選挙での応援割合を減らす。特区を提案する企業は変わる。いろいろな分野の業界団体がプレイヤーとなり繰り返されるから，その自民党議員に対する評判や経歴から，次期にプレイヤーとなる業界団体もいつ自分のところで同じ事が起こるかわからないので，選挙での応援割合を減らす。

このゲームの戦略の特徴は③であり，比較制度分析の嚆矢でもあるグライフ（Grief, 2006 = 09）のモデルにおける MPS（Multiple Punishment Strategy）やトリガー戦略とほぼ同じ戦略である。この MPS では，業界団体全体に害を及ぼす可能性のある評判のあるプレイヤー，つまり特区に賛成する自民党議員に対して，別の回のプレイヤーも含めた業界団体が懲罰を与えるのである。したがって，中選挙区内の自民党議員は皆特区に反対せざるを得ない状況に置かれるのである。この MPS は中選挙区において作り出された企業・業界団体と自民党議員との制度であり，この制度が均衡になっているのである。

では，この MPS の状況がゲームの均衡であることを検証する。そのためには，自民党議員の誘因整合性制約を定式化する必要がある。自民党議員の議員在職中の期待生涯利得の割引現在価値は，議員の状況から 2 つ考えられる。現職の議員であり特区創設反対の議員の期待生涯利得の割引現在価値を V^a とする。現在落選中，もしくは新しく立候補しようとしている議員の期待生涯利得の割引現在価値を V_i^u とする。$i = s$ は特区に賛成，$i = d$ は特区に反対である。

$$V^a = \pi + k[(1-\sigma)V^a + \sigma V_d^u] \tag{1}$$

$$V_i^u = \rho_i V^a + k(1-\rho_i)V_i^u, i = s, d \tag{2}$$

σ を何らかの理由により落選する確率とする。ρ_i を業界団体から受ける応援の割合（$i = s$ は特区に賛成，$i = d$ は特区に反対）とする。k（$0 < k < 1$）は自民党議員の将来の利得に関する割引因子である。

ゲームは何度も繰り返されるから，ここで行うべきことは，自民党議員の誘因整合性制約から特区に賛成しない条件を求めることである。よって，今期と次期以降をもとに誘因整合性制約を求める。

V^a，V_i^u では，どちらも右辺の第1項が今期（今現在）の利得であり，第2項が次期以降の利得を表すことになる。自民党議員が今期に特区に賛成した場合，期待生涯利得の割引現在価値は次のようになる。今期の利得は仮定から α であり，来期以降の利得の割引現在価値は kV_s^u であるから，合計で $\alpha + kV_s^u$ となる。したがって，自民党議員が今期に特区賛成するインセンティブを持たない条件，つまり誘因整合性制約条件は

$$V^a \geq \alpha + kV_s^u \tag{3}$$

となる。式（3）と式（1），式（2）から自民党議員が今期特区に賛成するインセンティブを持たないための π に関する必要十分条件は式（3）の V^a と V_s^u を π と他のパラメータで表すことにより導出できる。では，以下でその条件を求める。

式（1）の V_d^u を消去するために，式（2）で $i = d$ として，

$$V_d^u = \rho_d V^a + k(1-\rho_d)V_d^u \tag{2'}$$

式（2'）を V_d^u で整理して，

$$V_d^u = \frac{\rho_d}{1 - k(1-\rho_d)} V^a$$

として，これを式（1）に代入して，

$$V^a = \pi + k\left[(1-\sigma)V^a + \sigma\frac{\rho_d}{1-k(1-\rho_d)}V^a\right]$$

となる．

ここで V^a について整理すると，

$$V^a = \frac{\pi\left[1-k(1-\rho_h)\right]}{(1-k)\left[1-k(1-\rho_d)+\sigma k(1-\rho_d)\right]} \quad (4)$$

となる．次に，V^u_s は式 (4) を式 (2) で $i=s$ として代入して，

$$V^u_s = \frac{\pi\rho_s\left[1-k(1-\rho_d)\right]}{(1-k)\left[1-k(1-\rho_s)\right]\left[1-k(1-\rho_d)+\sigma k(1-\rho_d)\right]} \quad (5)$$

となる[16]．式 (4) と式 (5) を式 (3) に代入して，π について整理すれば，

$$\pi \geq \alpha\left[1-k(1-\rho_d)(1-\sigma)\right]\frac{1-k(1-\rho_s)}{1-k(1-\rho_d)} \quad (6)$$

となり[17]，式 (6) が自民党議員の期待利得に関する誘因整合性制約となる．

式 (6) において π が大きいと，つまり π の値がある値以上のときに自民党議員は賛成するインセンティブを持たなくなる．自民党議員は π が小さいと，ほかの自民党議員に何を言われても特区に賛成してそのときだけ α を得ようとすることになる[18]．つまり，π が大きいと賛成することの機会費用が高くなるのである．賛成した自民党議員は，業界団体からの次期選挙における応援割合は小さくなる．つまり，ρ_s は 1 未満であるから，1 回だけ α という高い利得を得る代償として，将来にわたって得られたはずの自民党議員としての期待利得を $(1-\rho_s)$ の確率で失うことになる．これが自民党議員が特区に賛成することの機会費用となる．π が大きいほど，得られたはずの期待利得ないし機会費用が大きいのである．

式 (6) を満たす π は自民党議員が特区に反対するような期待利得である．これを「効率利得」とする．式 (6) では，π の値は ρ_s と ρ_d の 2 つのパラメータに依存している．式 (6) で α と $[1-k(1-\rho_d)(1-\sigma)]$ は正値である．よって，ρ_s の効果をみるためには α，k，σ，ρ_d を一定にすればよい．そのとき ρ_s の π への効果をみると，ρ_s が小さいほど π が小さくなる．つまり賛

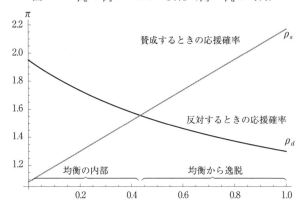

図 4-4 　ρ_d と ρ_s による π の変化（$\rho_s < \rho_d$ が均衡）

成したときの自民党議員への応援割合が小さいほど π が小さくなる。ρ_s は特区に賛成した自民党議員への応援割合であるから，ρ_s が小さいことは賛成することの機会費用が大きいことを意味する。また，ρ_d の効果をみるためには α, k, σ, ρ_s を一定にすればよい。

そのとき ρ_d の π への効果をみると，ρ_d が大きいほど π が小さくなる。つまり反対したときの応援確率が大きいほど π が小さくなる（図4-4参照）。ρ_d は特区に反対した自民党議員の応援割合であるから，この ρ_d が大きいことも賛成の機会費用が高いこと意味している[19]。

業界団体が MPS に参加する理由は，次のように考えられる。ほかの業界団体が MPS に参加している均衡経路上では，過去に特区に賛成した自民党議員については $\rho_s < \rho_d$ である。すでにほかの業界団体もその自民党議員が特区に賛成したことは既知であるから，応援割合は小さいのである。もし，業界団体が過去に特区に賛成した自民党議員に応援割合を大きくするのであれば，業界団体は均衡戦略から逸脱することになり，効率利得は賛成した自民党議員のほうが高くなるのである。

自民党議員の効率利得 π は ρ_d の単調減少関数であるから，業界団体が均衡戦略から外れて特区に賛成した自民党議員を応援すると，「特区に賛成した自

民党議員の効率利得＞特区に反対した自民党議員の効率利得」となるのである。では，このことを式 (6) から検証する。

式 (6) より効率利得は，

$$\pi^* = \alpha\left[1 - k(1-\rho_d)(1-\sigma)\right]\frac{1-k(1-\rho_s)}{1-k(1-\rho_d)}$$

である。この式では，均衡における π であるから，π^* と記す。

π^* を ρ_d の関数としてみたときに，単調増加関数か単調減少関数であるのかを調べるのであるから，ρ_d で偏微分すればよい。しかし，ρ_d で偏微分すると，

$$\frac{\partial \pi^*}{\partial \rho_d} = \frac{k\alpha(1-\sigma)\left[1-k(1-\rho_s)\right]}{1-k(1-\rho_d)} - \frac{k\alpha\left[1-\sigma(1-\rho_s)\right]\left[1-k(1-\sigma)(1-\rho_s)\right]}{\left[1-k(1-\rho_d)\right]^2}$$

となり，判断できかねる状態になる。

そのため，ここでは $k(1-\rho_d) = x$ として，$\pi^* = F(x)$ として扱うことにより操作を容易にする。

$$\pi^* = f(\rho_d) = F(x) = \frac{\alpha\left[1-(1-\sigma)x\right]\left[1-k(1-\rho_s)\right]}{1-x}$$

とする。

つまり π^* を ρ_d の関数としてみる場合と，x の関数としてみる場合の 2 つを考える。

ここで，$F(x) = F(k(1-\rho_d))$ において，x は ρ_d の関数であるから，合成関数として扱えばよいから，合成関数の微分公式より，

$$\frac{\partial f}{\partial \rho_d} = \frac{\partial F}{\partial x}\frac{\partial x}{\partial \rho_d} \tag{7}$$

となる。この式 (7) の部分ごとに正負をみれば π^* が単調増加関数か単調減少関数かを知ることができる。

商の微分公式は，

$$\frac{\partial}{\partial x}\frac{f(x)}{g(x)} = \frac{f'(x)g(x) - f(x)g'(x)}{g(x)^2}$$

であるから，これを偏微分に適用して，

$$\frac{\partial \left(\frac{f(x)}{g(x)}\right)}{\partial(x)} = \frac{\left(\frac{\partial f(x)}{\partial x}\right)g(x) - f(x)\left(\frac{\partial g(x)}{\partial x}\right)}{g(x)^2}$$

となる。これを式（7）の $\frac{\partial F}{\partial x}$ に当てはめれば，

$$\begin{aligned}\frac{\partial F}{\partial x} &= \frac{(1-x)[\alpha(1-\sigma)\{1-k(1-\rho_s)\}]+\alpha[1-(1-\sigma)x][1-k(1-\rho_d)]}{(1-x)^2} \\ &= \frac{[1-k(1-\rho_s)][-\alpha(1-\sigma)(1-x)+\alpha\{1-x(1-\sigma)\}]}{(1-x)^2} \\ &= \frac{[1-k(1-\rho_s)]\sigma\alpha}{(1-x)^2}\end{aligned}$$

であり，$0 < k < 1$，$0 < \rho_s < 1$，$0 < \sigma < 1$，$\alpha > 0$ より $0 < x < 1$ において，

$$\frac{\partial F}{\partial x} > 0 \tag{8}$$

であるから，$F(x)$ は単調増加関数である。

偏微分の公式（式（7）の右辺第2項）にある $\frac{\partial x}{\partial \rho_d}$ は，

$$\frac{\partial x}{\partial \rho_d} = \frac{\partial(k(1-\rho_d))}{\partial \rho_d} = -k$$

であり，$0 < k < 1$ より，

$$\frac{\partial x}{\partial \rho_d} < 0 \tag{9}$$

となる。式（8）と式（9）を式（7）に代入すると，

$$\frac{\partial f}{\partial \rho_d} < 0$$

となり，$f(\rho_d) = \pi^*$ は $0 < \rho_d < 1$ において単調減少関数であることがわかる。したがって，業界団体は均衡から外れて特区に賛成した自民党議員への応援割合を大きくすると，

「特区に賛成した自民党議員の効率利得＞特区に反対した自民党議員の効率利得」

になる。よって，業界団体は賛成した自民党議員への応援割合を小さくするの

である。したがって，自民党議員もこの均衡の中で行動するのであれば，特区に反対して効率利得の最大化を目指すのである。

4-3 小選挙区におけるゲーム
4-3-1 プレイヤーの戦略

小選挙区では自民党議員は1人しかいない。よって，自民党議員間の競争は存在しない。また，中選挙区と比較すると，選挙区内の市町村の数も少なくなる。したがって，業界団体は，もし傘下企業が特区の提案をしても，選挙区内に存在する傘下企業も少なくその利害調整も中選挙区と比較すれば容易である。さらに中選挙区において業界団体が最も苦慮したのは複数存在した自民党議員間の利害調整である。換言すれば，特区創設により誰か1人の自民党議員が有利になるような状況を，ほかの自民党議員が業界団体を通じて阻止してきたのである。つまり，業界団体としては特区（規制緩和）は総論賛成・各論反対であり，その背後にしている他の自民党議員間の利害調整のために，特区を諦めてきたのである。

しかし，小選挙区において自民党議員は，特区を提案した企業の意向および業界団体の意向さえ一致すれば，特区創設したほうが地盤である市町村に経済効果（景気）をもたらすことも可能となる。特区の提案は各市町村であるから，同じ市町村ある業界団体傘下企業ならば事業者になれる。小選挙区内のほかの市町村の傘下企業は，その市町村の首長とともに特区申請に動けばよいのである。

また，業界団体としては，小選挙区内には自民党議員は1人であるから，その関係だけを維持すればよいのである。業界団体は特区創設により業界の新たなビジネスチャンスを探ることも可能であり，特区はないよりもあったほうがよいのである。よって，この状況では中選挙区のMPSとは作用が反対のMPSが存在することになる。つまり，業界団体は特区に賛成する自民党議員に応援割合を大きくし，次期に特区を提案しようとする企業の業界団体は，特区に賛成した経歴のある自民党議員の応援割合を大きくしようとするから，$\rho_s < \rho_d$の状況になっているのである。この場合，応援割合を大きくするとい

うことは，自民党議員は1人であるが彼を最大限応援するということである。品田（2006, 107頁）の論じるように「小選挙区では自民党議員は中選挙区と比較して，業界団体の調整に精を出すことは少なくなっている」「この方法は新制度下では必ずしも最適ではない」のかもしれない。この状況は裏を返せば小選挙区の選挙戦では，幅広い有権者の支持が必要ということになる。しかし，業界団体が自ら応援してくれるのであるから，自民党議員にとっては渡りに船ということになり，応援割合が大きくなることが選挙戦を不利にすることはない。業界団体としても特区は全国展開される可能性もあり，また自民党議員もほかの自民党議員は存在しないから，地盤の経済効果追求に専心することができるのである。

4-3-2 小選挙区におけるゲームの解

小選挙区では自民党議員の行動も変化してきており，業界団体とは深く付き合うという傾向は減少しているともいわれる（品田, 2006, 107頁）。また，国会議員全体としても中選挙区時代よりは，業界団体を重視していない（久米, 2006, 266-269頁）とされる。とすると，ゲームで業界団体が得られる利得，および自民党議員の利得も小選挙区では異なるかもしれない。ゲームにおいて業界団体としては自民党議員間の利害調整コストは必要ないし，企業間の利害調整コストも低下している。業界団体の支払うαはその期だけであり，次期はπを自民党議員に与えるとする。だからβは小さいのである[20]。したがって，$\Gamma-\pi>\beta$とする。

自民党議員は1人だけであるが，業界団体としてはなるべく安いに越したことはないから$\pi<\alpha$とする。

では，このゲームが行われた後に，同じゲームが繰り返し行われたとして，4-2節と同様に自民党議員の期待生涯利得を考えて検証すればよい。ただし，このときは$\rho_s>\rho_d$である。

中選挙区では，業界団体がMPSによる均衡戦略から逸脱して，賛成した履歴のある自民党議員に対して応援割合を大きくしようとしたら，

「過去に賛成した履歴のある自民党議員の π ＞ 過去に反対した履歴のある自民党議員の π」
となっていたのである。ここから，均衡戦略をとる業界団体は特区に反対する議員を応援してきた（$\rho_s < \rho_d$）
である。

小選挙区では $\rho_s > \rho_d$ となっているから，自民党議員の α が，
「過去に賛成した自民党議員の α ＜ 過去に反対した自民党議員の α」
となっていることを確かめればよいのである。賛成したときの自民党議員の利得は α である。

では，式（6）を変形して，

$$\alpha = \pi \frac{1-x}{[1-(1-\sigma)x][1-k(1-\rho_s)]}$$

とする。

ここで，

$$\Phi(\rho_s) = \pi \frac{1-x}{[1-(1-\sigma)x][1-k(1-\rho_s)]}$$

とする。これを ρ_s で微分して $\Phi(\rho_s)$ が単調減数関数か単調増加関数かを調べると，

$$\frac{\partial \Phi(\rho_s)}{\partial \rho_s} = -\pi \frac{k(1-k(1-x))}{[1-x(1-\sigma)x][1-k(1-\rho_s)]^2}$$

であるから，直ちに $\frac{\partial \Phi(\rho_s)}{\partial \rho_s} < 0$ であることがわかり，$\Phi(\rho_s)$ が単調減少関数であることがわかる。よって，小選挙区において中選挙区と逆の MPS が存在する均衡戦略では，「過去に賛成した自民党議員の効率利得＜過去に反対した自民党議員の効率利得」となっていることがわかる（図4-5参照[21]）。したがって，自民党議員は賛成するのである。

図 4-5　ρ_d と ρ_s による π の変化（$\rho_s < \rho_d$ が均衡）

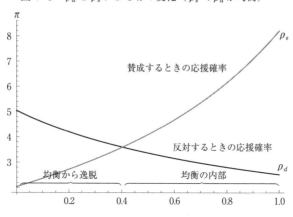

5．おわりに

　本章は「規制緩和を進展させた要因は何であるのか」という問題に対して，次のような答えを与えた。中選挙では自民党議員は競合することにより，業界団体からの期待利得を用いて，互いに牽制してきた。その結果として，規制緩和＝特区創設は困難な状況に置かれていたのである。だが，選挙制度変更により，小選挙区では自民党議員の競合関係はなくなり，業界団体も特区創設を促す方向に変化してきたのである。ただし，最初に述べたように特区創設という政策変化は，選挙制度変更による自民党議員の行動様式つまり「制度＝均衡」が変化したことにより唯一もたらされたものではない。当然，そこにはほかの多くの要因も複雑に絡みあっているのである。

　制度＝均衡は歴史の中で変化する。その変化を論理的に説明できる有効な方法の1つである比較制度分析の有効性は，歴史の中で変化する制度＝均衡をゲーム理論を用いてそのメカニズムを探求できるところにある。本章が対象とした業界団体と自民党議員のゲームは，もっとほかの要因を組み込んだ複雑なゲームとして描写することも可能であろう。しかし，均衡が変化するメカニズムを探求することは若干困難になると予想される。今回は，ゲームを容易にし

てわかりやすくした。官僚制は積極的にモデルに組み込まなかったが，やはり鉄の三角形の重要なアクターである。日本経済全体における規制緩和の変化という枠組みで見るのであれば，「官僚」をアクターとして3者のアクターからなるゲームとする必要性も今後の研究の方向性としては重要と考えられる。しかし，本章の分析は，これまでの個別的事例研究の枠から離れて，規制緩和，特区創設の一因としての自民党議員と業界団体を繋ぐメカニズムの変容を検証した。このことから事例研究と理論研究の間隙を埋めることができたと考えられる。

1) 規制とは「政府による市場に対する介入」であり大別して2つある。1つはマクロ政策介入としての財政金融による総需要管理政策である。もう1つはミクロ政策介入としての市場の失敗の補完である。規制緩和の議論における規制は主に後者のミクロ政策介入である。ミクロ政策介入としての規制は，「経済的規制」と「社会的規制」に分けられる。経済的規制は参入規制，価格規制，投資規制などである。社会的規制は，安全の確保，社会的弱者保護，公平性の確保等を実現するためのものといわれる。しかし，社会的規制が経済的規制の領域に介入してしまっている部分もある（久保田，2009，5頁）。
2) 90年代からの規制緩和の流れとしては，1995〜98年に規制緩和推進計画で電気通信事業の規制緩和，1998〜01年に規制緩和推進3か年計画で金融制度改革，2001〜04年に規制緩和推進3か年計画で特区制度が行われてきた（久保田，2009，8頁）。さらに2004年以降も引き続いて規制緩和政策は行われている。
3) 1999年に規制改革委員会に名称変更された。
4) この時点から規制緩和という用語よりも，規制改革という用語が用いられることになるが，本章では規制緩和を用いることにする。なお，規制改革は規制緩和よりも幅広い意味で用いられている（小野，2003，4頁）。
5) 構造改革特区以前にも先例はある。地方分権特例特区（1992年），都市再生特別地区（1995年），沖縄県金融特区・IT産業特区（2002年）である。だが，これらは大きな規制緩和は伴わない。
6) 2003年の開始時から後になって分野の数は増やされてきた。特区の事業者の内容は多様であるが特区分野に関わる企業である。これらの分野にはそれぞれ大きな業界団体が存在しており，傘下企業への影響力は弱くはないであろう。詳細は，内閣府地方創世推進事務区局のホームページに掲載されている。
http://www.kantei.go.jp/jp/singi/tiiki/kouzou2/ninteisinsei.html
2017年10月30日閲覧。
7) ただし，これは全国展開された事例を除いた数値である。
8) 経済学およびゲーム理論では，「制度」とは3つの意味で用いられてきた。第1

に「ゲームのルール」，第2に「プレーヤーの集合」，第3に「均衡」である。青木らの比較制度分析においては第3の「均衡」というアプローチから制度を用いる。

9) 比較制度分析の代表的事例として，グライフ（Greif, 2006 = 09）がある。彼は古代ローマ帝国時代の地中海交易が，ローマ帝国崩壊して交易を支える制度がなくなったにもかかわらず，後に自由交易が復活したことをゲームにより理論化している。本章は，このようにきわめて限られた資料から理論モデルを構築する試論である。また，永久（1995）日本の中選挙区制の下で，国会議員が防衛政策を積極的に論じなかったのかを，ゲーム理論で分析している。選挙制度と政策を関連させて理論的に分析した嚆矢であろう。

10) いくつかの例外として，地方自治体が特別に法人を設立して事業者となっている場合もある。

11) 北九州市は物流に特化した1つの分野で40項目の規制緩和を申請して，7項目が認定された。三鷹市は4分野32項目を申請して，18項目（8項目は現行法で対応可能）である（小野，2003，8頁）。

12) 2003（平成15）年から2005（平成17）年の第9回までの認定では498件が認定されているが，そのうち市町村単独が377件，都道府県単独は67件（全国展開を除く）である（岩城，2006，115頁）。

13)「そのときだけ破格のα（$\alpha > \pi$）という期待利得を得る」ことは，以下の考えに沿う。このゲームを有限回部分ゲームとした場合，均衡は，もし，$\beta > 0$ならば，業界団体は「応援する」，自民党議員は「特区に賛成」が部分ゲーム完全均衡となる。もし，$\beta < 0$ならば，業界団体は「応援しない」，自民党議員は「特区に賛成」が部分ゲーム完全均衡となる。無限回ゲームの場合，$\beta < 0$ならば，一度でも裏切った自民党議員に対しては，絶対に応援しなくなると言える。しかし，$\beta > 0$ならば，そうはならない。業界団体はその議員を応援しなければ，利得は0であるが，たとえその議員が「特区に賛成」するとわかっていても，業界団体はその議員を応援すれば，$\beta > 0$の利得を常に受け取ることができるので，業界団体は「応援する」，自民党議員は「特区に賛成」するが無限回ゲームにおいても部分ゲーム完全均衡となる。しかし，一度でも裏切った議員に対して，必ず応援しないだけでなく，その議員とは別の議員を必ず応援するように業界団体が動くのであれば，無限回ゲームであっても，「応援する」「特区に反対」が部分ゲーム完全均衡であると言えるようになる。

14) このゲームは理論的には無限繰り返しゲームとなるが，「ゲームはいつ終わるか分からない」という解釈を用いることにより，モデルの正当性は保持できる。中選挙において自民党議員は誰かが引退しても，代わりの自民党議員がその地盤を継ぐのであるから，ゲームは続くのである。

15) 仮にこのゲームを1回だけのゲームとすると，$\beta > 0$なら（β, α），$\beta < 0$なら（0, 0）が部分ゲーム完全均衡である。なお，複数回の繰り返しゲームであっても回数が有限回であるならば，同様のことが言える。この点はゲームの均衡を

求める際に用いられる「後ろ向き帰納法」という解法によって示すことが可能である。

16) 式（2）で $i = s$ として，
$$V_s^u = \rho_s V^a + k(1-\rho_s)V_s^u$$

とする。右辺の第2項を左辺に移項して V_s^u で整理すると，
$$[1-k(1-\rho_s)]V_s^u = \rho_s V^a$$

ここで式（4）から，
$$[1-k(1-\rho_s)]V_s^u = \rho_s \frac{\pi[1-k(1-\rho_h)]}{(1-k)[1-k(1-\rho_d)+\sigma k(1-\rho_s)]}$$

である。この式の両辺を $[1-k(1-\rho_h)]$ で除すれば式（5）となる。

17) 式（3）の右辺の第2項を左辺に移項して，$V^a - kV_s^u \geq \alpha$ とする。
ここで，左辺に式（4）と式（5）を代入すると左辺は，

$$\frac{\pi[1-k(1-\rho_d)]}{(1-k)[1-k(1-\rho_d)+\sigma k(1-\rho_d)]} - \frac{\pi \rho_d[1-k(1-\rho_s)]}{(1-k)[1-k(1-\rho_d)+\sigma k(1-\rho_s)]}$$
$$= \frac{\pi[1-k(1-\rho_d)][1-k(1-\rho_s)] - k\pi\rho_d[1-k(1-\rho_d)]}{(1-k)[1-k(1-\rho_s)][1-k(1-\rho_d)+\sigma k(1-\rho_s)]}$$
$$= \frac{[1-k(1-\rho_d)][\alpha(1-k(1-\rho_s)-k\pi\rho_s]}{(1-k)[1-k(1-\rho_s)][1-k(1-\rho_d)+\sigma k(1-\rho_s)]}$$
$$= \frac{[1-k(1-\rho_d)](1-k)\pi}{(1-k)[1-k(1-\rho_s)][1-k(1-\rho_d)+\sigma k(1-\rho_s)]}$$
$$= \frac{1-k(1-\rho_d)}{[1-k(1-\rho_d)+\sigma k(1-\rho_d)][1-k(1-\rho_s)]}\pi$$

となる。
よって式（3）は，
$$= \frac{1-k(1-\rho_d)}{[1-k(1-\rho_d)(1-\sigma)][1-k(1-\rho_s)]}\pi$$

となる。パラメータの条件 $0 < k < 1$，$0 < \rho_d < 1$，$0 < \rho_s < 1$，$0 < \sigma < 1$ から，上式の左辺は正値となるから，

$$\pi \frac{1-k(1-\rho_d)}{[1-k(1-\rho_d)(1-\sigma)][1-k(1-\rho_s)]} \geq \alpha$$

となる。

18)「その時だけ α を得ようとする」という点に関しての解釈は，注13と同じである。
19) パラメータは仮に，以下のように設定してグラフにした。
　　反対するときの応援確率：$\alpha = 2, k = 0.5, \sigma = 0.5, \rho_s = 0.3$
　　賛成するときの応援確率：$\alpha = 2, k = 0.5, \sigma = 0.5, \rho_s = 0.7$
20) 業界団体は入れ替わるから，この部分はゲームには組み込めないし，その必要もない。
21) パラメータは仮に，以下のように設定してグラフにした。
　　反対するときの応援確率：$\alpha = 2, k = 0.5, \sigma = 0.5, \rho_s = 0.3$
　　賛成するときの応援確率：$\alpha = 2, k = 0.5, \sigma = 0.5, \rho_s = 0.7$

参考文献

1. Greif,Avner.（2006）*Institutional and Path to the Modern Economy: Lessons from Medieval Trade*. Cambridge: Cambridge University Press. 岡崎哲二・神取道宏［監訳］（2009）『比較歴史制度分析』NTT 出版。
2. Aoki,Masahiko.（2001）*Toward a Comparative Institutional Analysis*. cambridge: The MIT Press.［瀧澤弘和・谷口和弘［訳］（2001）『比較制度分析に向けて』NTT 出版。
3. 岩城成幸（2006）「地方発の「構造改革」と地方再生」国立国会図書館調査資料『地方再生―分権と自律 による個性豊かな社会の創造』
www.ndl.go.jp/jp/diet/publication/document/2006/200621/20060102.pdf
2017 年 8 月 10 日閲覧。
4. 岡崎哲二（2010）「制度の歴史分析」，中村真幸・石黒真吾［編］『比較制度分析・入門』有斐閣。
5. 小野達也（2003）「構造改革特区が日本の経済・社会を活性化する条件―社会実験としての構造改革特区―」『富士通総研研究レポート』No.177。
6. 久保田正志（2009）「規制改革の経緯と今後の展望」『立法と調査』No.299。
7. 久米郁夫（2006）「利益団体政治の変容」村松岐夫・久米郁夫［編］『日本政治変動の 30 年』東洋経済新報社。
8. 齋藤徹史（2013）「規制改革の経験から何を学ぶか」，NIRA モノグラフシリーズ No.38　公益財団法人 総合研究開発機構。
9. 品田裕（2006）「国会議員の社会的支持基盤とのつながり」村松岐夫・久米郁夫［編］『日本政治変動の 30 年』東洋経済新報社。
10. 恒川惠市（2010）「規制緩和の政治過程―何がかわったか」寺西重郎［編］『構造問題と規制緩和』内閣府 経済社会総合研究所。
11. 辻田昌弘（2005）「民間企業による"特区"活用の取り組み」『商工ジャーナル』2005 年 9 月号，日本商工経済研究所。
12. 永久寿夫（1995）『ゲーム理論の政治経済学：選挙制度と防衛政策』PHP 研究所。
13. 藤田宙靖（2005）『行政法の基礎理論』有斐閣。
14. 藤村直史（2010）「選挙誘因と立法組織―日本の国会における委員会構成―」『法学論叢』第 166 巻，第 4 号。
15. 村上泰亮（1992）『反古典の政治経済学（下）』中央公論社。

第 5 章
「政治家」不信の考察
―― 測定方法を中心として ――

宮野　勝

1. はじめに

　日本では，政治や政治家に対する不信や不満が根強くある。日本のみでなく，米国・ヨーロッパでも「政治に対する信頼」が揺らいでおり，研究されてきている（たとえば，Nye et al. 1997, Parker et al. 2015）。政治不信が進むことは民主主義の危機でもありえ，政治参加の減少やポピュリズムの蔓延も懸念される。また政治・政治家に対する信頼は，社会に対する信頼の一部でもあり，社会資本の中心部分でもある。

　他方，政府・政治家に対する無条件の信頼は，危険でもある。民主主義政治が機能するためには，市民による政府・政治家に対する関心と「適切な」応答が不可欠である。民主主義政治における市民には，政治担当者の言動が適確であるときには信頼や信任を表明し，不適格であるときには不信や不信任を表明することが期待されているであろう。この点で，政府・政治家に対する信頼（政治体制に対する信頼は除く）は，一般的他者や社会全般に対する信頼感とは大きく異なる。

　市民からの「応答」ないし「評価」として，民主主義の政治では，政治・政府・政治家への信頼度は大きな意味を持つ。政治や社会の状態を表す指標，または，政治や社会の状態に対する市民の評価とその適確さを表す指標ともなっ

ている。

ところが，これまでにさまざまな方法が提案されてきているが，政治・政府・政治家への信頼度の測定の問題は，解決済みではない。本研究では，政治に対する信頼感全般を考慮しつつ，その中で，少なくとも日本では特に不信度が高いと思われる「政治家」に対する信頼度に注目する。

本研究の実証的な問いは3つある。第1に，「政治家」信頼度はどのように測定するのが適切か。第2に，「政治」・「政府」信頼度と「政治家」信頼度はどのような関係にあるのか，どのくらい異なるのか。第3に，誰が，なぜ，「政治家」を信頼できないのか。本研究は試論であり，これら3つの問いに十分には答えられないが，検討を通して「政治家」信頼・不信についての探索を先に進めることを目標とする。

（タイトルでは「政治家」不信としているが，本文中では「政治家」信頼という表現も用いる。たとえば，調査結果の説明で，「不信が低い」などの表現は理解しにくいと思われるためである。「政治家信頼」・「政治家不信」の両者が混在することになるが，向きが異なるだけで変数としては同一であることに留意されたい。）

2．政治信頼と「政治家」信頼の測定の問題

2-1　政治的信頼を測定するための質問

信頼感それ自体の研究は，社会的資本の研究の隆盛と相まって，盛んに行われてきている。しかし，信頼感そしてその一部ともいえる政治的信頼を，どのように測定するのかという測定の問題は解決していないと思われる（政治的信頼については，たとえば，Parker et al. 2015：pp. 59-61，西澤 2008：53頁）。

政治的信頼に関して，従来用いられてきた質問群の代表として，2つのタイプを挙げる。WVS（World Values Survey）タイプと ANES（American National Election Studies）タイプである（西澤：2008参照）。

WVS は価値観の国際比較研究から始まった。その中で，複数の政治制度や

主体（裁判所・国会議員・官僚など）について信頼するか否かを問うタイプの質問が使われてきた。このような質問の仕方を，本研究では「WVS 風」と呼ぶことにする。

これに対し，米国では，政治的信頼の測定に ANES の問いが頻繁に使われてきた。ANES の質問群の，筆者による簡単な「要約」を示す。1）政府は正しいことをしているか，2）政府は一部の利益のために働いているか，3）政府は税金を無駄遣いしているか，4）政府で働いている人々は不正直（crooked）か，5）政府で働いている人々は賢いか，（原文は，たとえば，Parker et al. 2015：p.59 脚注 1）である。これに近い質問の仕方を，本研究では「ANES 風」と呼ぶことにする。

2-2 政治的信頼の次元

「政治に対する信頼」が，単一の次元と言えるかどうかについても議論されてきた。「政治体制や政治制度（民主主義体制など）」への信頼度，「時の政権・政府」に対する信頼度，「政治家個人」に対する信頼度，などは区別されるべきか否かという議論である。

Parker et al.（2015）は，米国での議論の簡単な紹介（pp.60-61）をしつつ，1997 年のフロリダ州調査を用い，「国政府」信頼・「地方政府」信頼・「政治家」信頼，の三者を区別できるとしている（「国政府」信頼の測定には，ANES の最初の 3 問を用いている）。

日本においては，三宅（1986：106-108 頁）が，1976 年 JABISS 調査・1983 年 JES 調査で採用された「政治シニシズム」の 11 項目を因子分析し，「制度支持」「政治信頼」「応答性」の 3 次元を見出している。綿貫（1997）はさらに，1993 年 JES2 調査でも類似した 3 次元が見出せたとしている。ただし，若干の変化もあり，特に「応答性」の次元を「政治家不信」と呼んでいる。また，JES2 の 1995 年調査で 9 項目のみを用いたところ，「政治家不信」と「制度信頼」の 2 因子のみが検出されたという（綿貫 1997：32-34 頁）。

2-3 「政治家」不信

　政治信頼の次元を構成する軸の中で，本研究では，「政治家」不信（または「政治家」信頼）に着目する。

　あらためて確認すると，三宅 (1986) の政治シニシズムの「応答性」の次元は，「国会議員の国民からの隔たり」「一部利益の優先」「不正政治家が多い」「派閥争いと汚職」の4項目から構成されており，綿貫 (1997：32-34頁) が「政治家不信」と呼んでいる軸と対応していると思われる[1]。

　「政治家不信」について綿貫 (1997) は，「変動が激しいのは，「政治家不信」であり，1993年には，不信が著しく昂進し，1995年には多少は収まっているが，しかし，1983年の水準には回復していなかった」としている（同46頁）。「政治家」不信は，短期で変動しうるという重要な指摘である（ただし，「政治家」不信には，長期にわたって変化しにくい部分も含まれる可能性がある）。

　宮野 (1996) では，1991年社会的公正観調査を用い，「政府や役人には不満であるものの，選挙や裁判を含めた全体としての日本の政治の仕組み自体にはある程度満足している」（同157頁）とした。つまり，政治制度に対する評価は低くないが，政治担当者に対する評価は低い，ということであった。

　本研究では，政治信頼の軸のうち，「政治家」に対する信頼・不信に焦点を当てて考察を進める。「政治家」信頼度はどのような測定が適切か，市民はどのように政治や政治家を評価しているのだろうか，なぜ政治家に対する評価が低いのだろうか，などは検討に値する。

　政治は，社会において，なくてはならない不可欠の機能であり，その担い手としての政治家は，短期的な変動は別として，長期的には市民に信頼されていることが望ましいであろう。政治家に対する不信は，何に根差しているのか，どのような論理や信条に基づいているのか，その一端を探りたい。反対からみると，この問題は，政治家に対する評価は長期的には改善される可能性があるのか，可能性があるとすればどのような方法がありうるか，を探ることになる[2]。

3．本研究での政治信頼と「政治家」信頼の測定

3-1　複数の質問タイプの併用

　研究の中心となる対象は，政治家に対する信頼であり，政治家に対する信頼－不信についての世論をネットにおける質問紙調査を用いて分析する。調査に際しては，「政治家」信頼をどのように測定するかが問題となる。質問紙調査では，ワーディングや質問の配置などで，回答が大きく揺らぎうるという問題がある。そのため，2015年2月ネット調査で，筆者は複数の測定方法を併用することを試みた[3]。

　第1に，WVSに倣ったWVS風の質問である。WVSでは，信頼を問う対象に，「政治家」や「民主主義という制度」を含めていないため，WVS「風」と呼ぶ。ワーディングは，表5-1の1に示す。

　第2に，ANESに倣ったANES風の質問である。ANESの直接の対象は「政府」信頼であるのに対し，本研究は「政治家」信頼を対象にすることもあり，ANES「風」と呼ぶ。ワーディングは，表5-1の2に示す。

　第3に，King et al.（2004）に倣ったヴィネット質問であり，表5-1の3に示す。

　第4に，2016年7月ネット調査では，一般的な社会的信頼感に似た形で，「政治家」への信頼感をたずねた。ワーディングは，表5-2に示す。

　以上の測定は，試みであり，必ずしも筆者の狙いどおりに測定できたわけではないが，今後の研究のため，それらを含めて紹介する。

3-2　データと質問項目

　本研究で使用するデータは，2015年2月のインターネット調査（N = 1493）と，2016年7月の参院選直後のインターネット調査（N = 1345）である（以下，混乱の恐れがないときには，2015年2月調査とか，2015年データとか，2015-02データなどと略称することがあるが，上記のデータを指す）。いずれも日経リサーチに依

頼し，そのモニタを母集団とするが，年齢・性別・地域については，回収数が国の有権者内の比率と近似するように依頼している。ただし，ネット調査のモニタであり，年齢は69歳までとしている（各調査についての説明は，宮野（2016），宮野（2017a）を参照されたい）。

本研究で用いる政治信頼・「政治家」信頼にかかわる質問項目を，表5-1と表5-2に示した。表5-1の2015年2月調査では，表5-1の問5〜問7の3問（それぞれ5つの小問，問7はヴィネット質問）があり，各7段階で回答を求めた。表5-2の2016年7月調査では，政治家信頼度の1問の後に，自由回答で理由をたずねた。

表5-1 2015年2月調査の「政治」信頼・「政治家」信頼の質問

1. 2015年2月調査の「政治」信頼・「政治家」信頼の質問文1（WVS風の質問）
   問5 あなたは次の人々・組織・制度・事柄などを，どのくらい信頼していますか。
   ①日本の政府，②政治家，③民主主義という制度，④新聞のニュース，
   ⑤TVのニュース
   　　1信頼 〜 7不信

2. 2015年2月調査の「政治家」信頼の質問文2（ANES風と呼ぶ質問）
   問6 次にあげるような意見について，あなたはどのように思いますか。
   ①政治家は間違ったことに多くのお金を使い，税金を無駄使いしている
   ②政治のことは政治家に任せておけばよい
   ③たいていの場合，政治家は正しいことをしている
   ④政治家もメールや電話で請願すると少しは動いてくれる
   ⑤政治家は企業からお金をもらって贅沢をしたり，経費を使って何度も温泉に行ったりする
   　　1そう思う 〜 7そう思わない

3. 2015年2月調査の「政治家」信頼の質問文3（AVMのためのヴィネット質問）
   問7 次のように思っている人は，それぞれどのくらい政治家を信頼していると思いますか。
   （提示内容は，問6の①から⑤と同じだが，提示の順番は，ランダムにした。）
   　　1信頼 〜 7不信

表 5-2　2016 年 7 月調査の「政治家」信頼の質問

> 4.　問 12-1　あなたは，一般的に言って，「政治家は信頼できる」と思いますか，
> 　　　　　　それとも「政治家は信頼できない」と思いますか。
> 　　　　　　7 信頼　～　1 不信
> 　　問 12-2　なぜそのように考えるのですか。その理由を記入してください。

3-3　使用するデータの選択

ネット調査においては旧来の面接質問紙調査方法以上に，データの選択が問題となる[4]。しかし，少なくとも日本では，ネット調査のデータ選択の方法は，確立していないのではなかろうか。本研究でのデータ選択の方法は，注で示す[5]。結果的に，それぞれ，全 1493 名中の 1330 名（=89.1%）と，全 1345 名中の 1190 名（=88.5%）を分析対象とする。

この他，比較のために，公開されている全国調査データを引用する。WVS2010 年 11 月 24 日～12 月 20 日調査（N=2443，面接と留置き），WVS2005 年 7 月 7 日～8 月 5 日調査（N=1096，郵送）は，公式サイトのデータを用いる。ISSP 調査については，ISSP2016 年 10 月 29 日～11 月 6 日調査（N=1611，回収率=67.1%）と ISSP2006 年 11 月 18～26 日調査（N=1231，回収率=68.4%）は荒巻他（2017），ISSP2014 年 6 月 14～22 日調査（N=1593，回収率=66.4%）と ISSP2004 年 11 月 13～21 日調査（N=1343，回収率=74.6%）は小林（2015）の，各論文末の集計表データを，それぞれ用いる。

4．異なる方法で測定した「政治家」不信の〈分布〉

異なる方法による「政治家」不信の測定を試みた。

第 1 に，WVS 風の質問（表 5-1 の 1）である。「政治家」については 1 問だが，同時に質問した「日本の政府」・「民主主義という制度」への信頼の回答と比較する（回答の信頼性を調べるためには，本来の WVS 調査と比較したいところだが，WVS 調査に「政治家」信頼の項目を見出せなかった）。

第2に，ANES風の質問（表5-1の2）を考えた。過去の質問例や予備的インタヴューにおける回答者の表現も参考にしつつ，正しさ・一部利益・無駄遣い・不正直・非有能などを表現しようとした試みだが，完成度は低い。5問聞いているため，信頼性分析を通じて「政治家」不信の尺度を作ることを試みる。また，データの信頼性を調べる一環として，ワーディングが近い1問について，ISSP調査の回答分布との比較も示す。

　第3に，ヴィネット質問（表5-1の3）である。これらからAVM（Anchoring Vignettes Method）を通じてQ5-2の「政治家」不信について，「回答者による選択肢の用い方の傾向性」を取り除いた測定値を得ることを試みる。

　第4に，一般的な社会的信頼感に似た形の質問にした2016年7月ネット調査（第4の指標）の結果を，WVS風の2015年ネット調査（第1の指標）の分布と比較しつつ示す。

4-1　WVS風の「政治」信頼と「政治家」信頼の分布

　政治信頼の次元として，（2-2で述べたように）その国の政治制度に対する信頼と，その国の時の政府に対する信頼とが区別され，さらに，「政治家」信頼が区別される可能性がある。われわれの2015年2月のネット調査では，これら3次元に対応するように，表5-1の1に示したように，Q5で，①日本の政府・②政治家・③民主主義という制度，の3点について，WVS風に（WVSの4値に対して7値で）信頼度をたずねた。

　これらの3問への回答の分布は大きく異なる。図5-1は，表5-1の1の3問の（7値を3値にした）単純集計を比較するグラフである。民主主義という制度は信頼する（信頼54％：不信21％）し，日本政府は少し信頼する（信頼48％：不信37％）が，政治家は信頼できない（信頼20％：不信61％）という回答であった。

　平均値（小さいと信頼，大きいと不信）でも，「民主主義制度」信頼3.53，「政府」信頼3.92，に対し，「政治家」信頼のみ4.82で，大きく不信に傾いた。日本政府はある程度は信頼されているのに，政治家に対する不信が多い[6]。

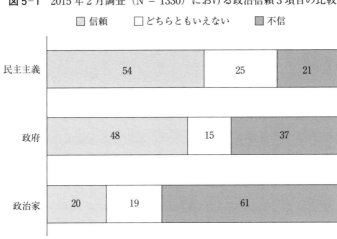

図 5-1 2015年2月調査（N = 1330）における政治信頼3項目の比較

(注) 図中の数字は％を表す。以下の図でも同様である。

　関連質問として，2015-02データに，Q15-6「政治満足」とQ22「内閣支持」の質問（各7値）がある。それぞれの平均値は，「政治満足」4.78（満足17％・不満56％），「内閣支持」4.08（支持45％・不支持41％）だった。肯定的・否定的の割合でみると，「政治満足」と「政治家」信頼が近く，「内閣支持」と「政府」信頼とが近い（相関でみると，政治満足と政府信頼・政治家信頼とは.631・.621で，ほぼ等しく，内閣支持（7値）と政府信頼・政治家信頼とは.656・.550で，政府信頼とのほうが高めだった）。

　「政府」信頼については，2015年ネット調査・WVS2010調査・ISSP2016調査の3つの調査の間で比較した。ワーディング・選択肢・調査票内の位置・調査時期・政権担当政党など，さまざまな点で大きな違いがあるためと推測されるが，結果は大きく異なった。（信頼・不信）と記すと，(48％・37％)，(24％・64％)，(32％・33％)だった。より詳しい結果は，注で示す[7]。ネット調査2015・WVS2010・ISSP2014における「政府」信頼の分布の相違の原因は複数考えられるが，まずは，調査時期の政権党が異なり，内閣支持率が異なる点である。日経調査を（支持・不支持）と記すと，2015年2月の安倍内

閣は（50%・34%）であったのに対し，2010年12月の民主党菅内閣は（26%・65%），2016年11月の自民党安倍内閣は（58%・30%）だった。ISSP2016以外は，日経の内閣支持率と極めて近い値だったと言えるだろう。

4-2 ANES風の「政治家」不信の質問項目と尺度化

2015-02調査で，表5-1の2に示したように，ANES風ということを念頭に，政治家に対する信頼・不信に関すると思われるQ6-1からQ6-5までの見方を用意し，「そう思う」か否かを7値で問うた。

4-2-1 ANES風の質問における政治家不信の分布

まず，図5-2に，Q6-1からQ6-5までの質問に対する回答（7値）を3値にまとめたものを，信頼・不信の方向性を調整した形で示す（Q6-1無駄使い・Q6-5贅沢をするの2問は逆転項目であり，向きを逆にした）。比較のために，最下段に，図にも示したWVS風のQ5-2政治家信頼の分布を再掲した。

図5-2 2015年2月調査における政治信頼のANES風質問5項目とWVS風質問1項目の回答分布（N=1330）

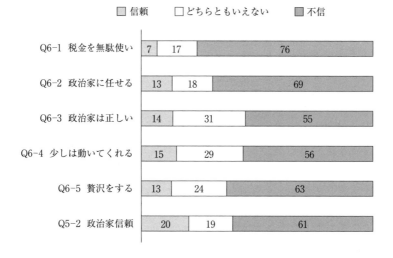

Q6-2〜Q6-4の政治家に対して肯定的な項目は「そう思わない」(不信と解釈)が多く,Q6-1・Q6-5の否定的な項目は「そう思う」(不信と解釈)が多かった。3値にまとめたQ6の5項目の分布は,いずれもWVS風のQ5-2の分布と近似している。

この点は,Q6のANES風の質問の仕方でも,Q6の5項目間で表現が異なっていても,信頼の方向について逆転していても,一貫している。「政治家」不信は根強いと解釈する。質問紙調査では,質問のワーディングや順番によって回答の分布が大きく異なりうるが,「政治家」不信については,今回用意した質問では,質問の仕方の相違によらず,信頼よりも不信が圧倒的に多くなっている[8]。

4-2-2　ANES風の質問における政治家信頼の尺度化

次に,2015-02データで,Q6-1からQ6-5までのANES風の政治家信頼の質問を用いて,「政治家」不信尺度の作成を試みる。

因子分析(固有値1以上)で1因子になることを確認し,信頼性分析に進んだ。5項目全体ではクロンバックのアルファ係数＝.718であるが,しかし,表5-3に示すように,Q6-2とQ6-4は,Q6-3を除いて0.3以上の相関がない。

表5-3　2015年2月調査におけるANES風質問間の相関 (N=1330)

	Q6-1 税金無駄遣い (逆)	Q6-2 政治家に任せる	Q6-3 政治家は正しい	Q6-4 少しは動く	Q6-5 贅沢をする (逆)
Q6-1 税金無駄遣い (逆)	1.000				
Q6-2 政治家に任せる	0.220	1.000			
Q6-3 政治家は正しい	0.433	0.435	1.000		
Q6-4 少しは動く	0.262	0.191	0.414	1.000	
Q6-5 贅沢をする (逆)	0.627	0.176	0.386	0.251	1.000

そこで,Q6-2とQ6-4の2項目を落とし,残りの3項目でアルファ係数を求めると,$\alpha = 0.735$になった。Q6-1とQ6-5は,表現として近似している点を考え,Q6-5の代わりにQ6-4を入れた3項目で計算すると,Q6-1と

Q6-5の間の高い相関が除かれ，$a=0.637$になった。それぞれの3項目を単純合計した「政治家」信頼尺度を2つ作成し，$a=0.735$の前者を政治家信頼尺度Aとし，$a=0.637$の後者を政治家信頼尺度Bとする（以下では，主にAを用いる）。両者の相関は0.856（N=1330）だった（表5-3に示したように，問6全体として相互の相関は平均的には低めであり，「政治家」信頼尺度としては今後の改定が望ましい）。

4-2-3 ISSPの「政治家」信頼データとの比較

「政治家」信頼については，ISSP2014という2015-02調査と時期的に近い全国調査に，同様の質問が含まれている。ISSP2014において「政治家」信頼に相当すると思われる質問は2問ある（用いるのは，小林：2015で紹介されている単純集計である）[9]。そのうちの1問（5点尺度）とほぼ同じワーディングを，ネット調査2015-02（7点尺度）で採用しており，比較する[10]。

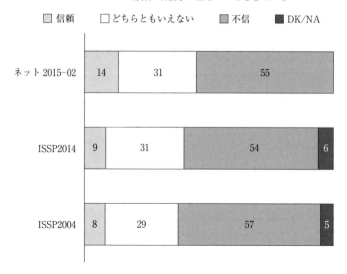

図5-3 2015年2月調査（N=1330）とISSP調査との比較（政治家の正しさ）
たいていの場合，政治家は正しいことをしている

すなわち，【ISSP2014-06Q14A】「たいていの場合，政治家は正しいことをしていると信頼してよい」の5点尺度を3つにまとめると，（信頼）9％・31％・54％（不信）（DK/NAは6％）である．これに対し，【2015-02ネット調査Q6-3】「たいていの場合，政治家は正しいことをしている」の7点尺度を3つにまとめると，（信頼）14％・31％・55％（不信）（DK/NAは無し）となる．

図5-3に，2015-02ネット調査，ISSP2014調査，およびISSP2004調査の結果を3値にまとめた比較を示す．質問形式の違い・調査方法の違い・調査票内での位置の違い・7点尺度と5点尺度・調査時期の違いなど，さまざまな相違があるにもかかわらず，DK/NAの有無（2015-02ネット調査では，この質問にはDKまたはNAという選択肢を用意していなかったため，回答にDK/NAがない）と，ネット調査における信頼の割合がやや高い点を除けば，両者の類似度は高い[11]．

4-3 AVMでの測定

2015-02データでは，表5-1の3に示すように，問7に5人分のヴィネット質問を用意した．しかし，その中で，Q7-1とQ7-5のヴィネットは，平均値も近く分布がほぼ重なって分別しにくいため，Q7-1のみ用いることにした．また，Q7-2のヴィネットは，「政治家」信頼をうまく測定できていないと思われるため今回は省くことにする．結果として，Q7-1・Q7-3・Q7-4という3人分のヴィネットのみ用いる．3人分の項目を用いると，ノンパラメトリックなAVM値は，ヴィネット3人分の値とそれらの間の値になるため，（ヴィネット数×2＋1）であり，元の質問の選択肢の数にかかわりなく，（3人分×2＋1＝）7値になる．

なお，AVM値を用いた分析では，注5に示した「データ選択」により，N＝1070になる．用いる3人分の仮想ヴィネット人への回答者の評定は，図5-4に示した．また，AVM値の計算に際してさまざまに考慮すべき点があり，今回はノンパラメトリック値の最大と最小の平均値（CsCe平均値）とエントロピー値（C_Ent）とを示す．このほか，パラメトリックな計算方法もあり，今

回の計算は予備的なものである。

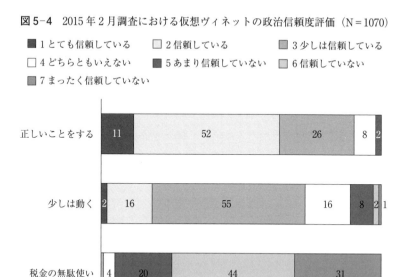

図 5-4　2015 年 2 月調査における仮想ヴィネットの政治信頼度評価（N = 1070）

「たいていの場合，政治家は正しいことをしている」と考える仮想人については，政治家を「とても信頼」+「信頼」が 64%と多く，7 値を（信頼・中間・不信）に分けたうえで（信頼・不信）だけを示すと，（信頼 90%・不信 2%）だった。また，「政治家もメールや電話で請願すると少しは動いてくれる」と考える仮想人の評価は，「少しは信頼している」が多く，（信頼 73%・不信 11%）だった。これらに対し，「政治家は間違ったことに多くのお金を使い，税金を無駄使いしている」と考える仮想人については，（信頼 1%・不信 95%）だった。

この仮想人 3 人分への評価を平均値でみると，2.38，3.22，5.99 である。

ところで，図やこの数値からわかるように，「少しは動く」ヴィネットと「税金の無駄遣い」ヴィネットとの間が広すぎるなど，回答者の「政治不信」

の程度を写像するための質問としては偏りすぎている。このため、AVM を用いても多くの回答が両ヴィネット間に落ちることになるなどし、回答の間の差を活かし損ねた測定になってしまっていると思われる。

AVM 値とその元となっている Q5-2 の政治家信頼との分布の相違を図 5-5 で示す。

図 5-5 2015 年 2 月調査における AVM 値と Q5-2 の政治家信頼との分布（N = 1070）

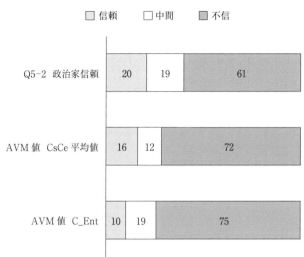

4-4　一般的な社会的信頼感に似た形による「政治家」信頼の測定

「政治家」信頼の第 4 の指標として、2016 年 7 月データでは、一般的な社会的信頼感に似た形で測定した。図 5-6 で、2015 年 2 月データ（第 1 の指標）と対比する（2015-02 データでは、1 が信頼の極、7 が不信の極で、4 が「どちらでもない」を表す。2016-07 データの質問紙では極を反対にしたが、本節では逆転させて 2015-02 データに合わせてある）。

2 つの調査は、同じ調査会社に依頼してはいるが、次に挙げる理由のため、「政治家」信頼の平均値や分布が大きく異なっていても不思議ではない。①調

査の時期に1年5カ月の間があり，②（正確な割合は不明であるが）回答者は完全には重複しておらず，③後者は選挙直後の調査という特殊性があり，④質問の仕方もマトリクス質問（問5-2）と単独質問（問12）で大きく異なり，⑤当該質問までの質問が異なってキャリーオーヴァー効果の可能性があり，⑥回答選択肢についても，ワーディングの微妙な相違のほかに，選択肢の高低の数値が逆転している，などの相違がある。

ところが，両データ（「選択データ」）の平均値は，4.82（2015年2月）と4.82（2016年7月）で，等しかった[12]。

図5-6 2015年2月調査と2016年7月調査の政治家信頼の比較

平均値だけではなく，図5-6にみられるように，分布も極めて近い。この集計レベルでの安定性は，いくつかの可能性を示唆する。第1に，インターネット調査の「信頼性」（同じように調査すれば同じような回答がえられるという意味で）を示している可能性がある。第2に，この時期のマクロレベルでの政治家不信の（時点間）安定性を示している可能性がある。第3に，政治家不信という質問項目への回答の安定性（質問紙内位置への非依存性）を示している可能性がある。

偶然が重なって類似性が高くなっただけという可能性も捨てきれないし，政党支持などの過去のパネルデータでもみられるように，個人レベルでは，より不安定ではあろう。

4-5　分布のまとめ

第1に，調査時期の特性によるのかもしれないが，異なる質問の仕方を試みた4種類の指標すべてで，「政治家」不信は強かった。すなわち，今回の調査においては，WVS風質問でも，ANES風質問でも，WVS風質問にヴィネットでAVM補正を行っても，一般的信頼感風の質問でも，「政治家」不信は強く，回答の分布も近似していた。

第2に，WVS風質問でみるかぎり，「政治家」不信は「政府」不信や「政治制度」不信よりも強かった。

5．異なる方法で測定した「政治家」不信の間の〈相関〉

異なる方法で測定した「政治家」不信は，いずれも「不信」が多くて類似した分布を示したが，ところで，それらの間の相関は，ある程度，あるいは非常に，「高い」だろうか。

まずWVS風のQ5の3項目，すなわち，「政治家」不信・「政治」信頼・「民主主義」信頼の，相互の相関を検討する。次に，ANES風のQ6の「政治家信頼」の5項目と，WVS風のQ5の3項目の相関を調べる。最後に，「政治家」不信のAVM値・Q5-2政治家信頼・Q6政治家信頼尺度，の3変数間の相関を調べる（一般的信頼感風の測定は2015年調査には含まれていないため，この測定方法との相関は検討外となる）。

5-1　WVS風の政治信頼と政治家信頼の相関

表5-4に，Q5のWVS風の質問での日本政府信頼・政治家信頼・民主主義制度信頼の，相互の相関係数を示す。政府信頼と政治家信頼の相関が.742と

高く，政府信頼と民主主義信頼の相関が.570でそれに次ぎ，政治家信頼と民主主義信頼も.518でそれなりに高い相関がある。

ただし，1つの大問内の小問として連続して質問しているために相関係数が高くなりやすかった可能性があり，この3変数の間の相関としては，高めの数値かもしれない（WVS2010には，民主主義「信頼」の項目は含まれないが，「民主的な政権」の「好ましさ」（V130）や「民主主義の国に住むこと」の「重要さ」（V140）の質問は存在し，「政府信頼」（V115）との相関は，.152，.175である）。

表5-4　政府信頼・政治家信頼・民主主義信頼の相関係数　2015-02調査（N=1330）

	政府信頼	政治家信頼	民主主義信頼
Q5-1 政府信頼	1		
Q5-2 政治家信頼	.742**	1	
Q5-3 民主主義信頼	.570**	.518**	1

（注）** 1％水準で有意，* 5％水準で有意，を表す。以下の表でも同様である。

5-2　WVS風の政治・政治家信頼とANES風の政治家信頼の相関

Q6のANES風の5項目の質問は，「政治家」信頼に限定して用意したが，表5-3に示したように，必ずしも相互の相関は高くなく，クロンバックのαで.7前後の尺度が作れる程度であった。

表5-5に，Q5の政治信頼のWVS風の3項目と，Q6の「政治家」信頼のANES風の5項目との相関を示す。ANES風の中でも，「Q6-2：政治家に任せる」は，WVS風のQ5-1政府信頼やQ5-2政治家信頼との相関が，.269，.296と特に低めであり，この点で，Q6-2は，「政治」信頼も「政治家」信頼もうまく測定できていない可能性が高い。ANES風項目のうち，Q6-3とQ6-1はWVS風項目との相関が高めで，Q6-4とQ6-5は中間的である。

逆に，ANES風の質問との相関の高さでみると，WVS風の質問「Q5-2」の「政治家」信頼は，「政治家」信頼をある程度まで測定できているのではなかろうか。

表5-5 2015年2月調査におけるWVS風の政治信頼とANES風の政治家信頼との相関（N=1330）

	政府信頼	政治家信頼	民主主義信頼
Q6-1 税金の無駄遣い	-.460**	-.509**	-.271**
Q6-2 政治家に任せる	.269**	.296**	.106**
Q6-3 政治家は正しい	.530**	.566**	.360**
Q6-4 少しは動く	.354**	.402**	.289**
Q6-5 贅沢をする	-.370**	-.414**	-.251**

5-3 政治家信頼のAVM値とWVS・ANESの政治家信頼の相関

次に，WVS風のQ5-2政治家信頼・ANES風のQ6「政治家」信頼尺度Aと，AVMのCsCe平均値・C_Ent値，の4者の相関を，表5-6に示す。

表5-6 3種類の「政治家信頼」の測定間の相関　2015-02調査（N=1070）

	Q5-2 政治家信頼	Q6 政治家信頼尺度A	AVMのCsCe平均値	AVMのC_Ent値
Q5-2 政治家信頼	1			
Q6 政治家信頼尺度A	.608**	1		
AVMのCsCe平均値	.787**	.464**	1	
AVMのC_Ent値	.766**	.451**	.973**	1

　AVM値でCsCe平均値とC_Ent値との相関は高く，他の変数との相関も大きくは異ならない。AVM値は，WVS風のQ5-2が計算の基礎にあるため，Q5-2との相関が高いことは不思議ではない。Q5-2以外の項目との関係が問題になるが，Q6による尺度との相関がやや低めであることには，少なくとも2つの可能性がある。第1は，AVM値の求め方に問題がある可能性であり，第2は，Q6がそもそも「回答者の選択肢の使い方」について補正を受けていないために同じく補正されていない項目との相関が高くなり，補正を受けているAVM値とは相関が低くなっている可能性である。これらの点については，今回は解明できない。

5-4 相関のまとめ

政治家信頼についての2015年2月調査の3つの測定方法は，表5-6にみられるように，一定の相関を持つ。その限りでは，特に内的一貫性という点では，いずれの測定方法も有効であるかもしれない。

ただし，外的妥当性の点では，さらに他の変数との関連を検討する必要がある。次節では，政治家不信の原因を探るという観点を中心に，政治信頼以外の変数との関係を検討する。

6．政治家不信の原因：量的探索

図5-3などで示してきたが，「政治家」不信は根強いように思われる。それでは，なぜ政治家を信頼できないのであろうか。なぜ，これほど政治家不信なのだろうか？　本節では，相関係数や回帰分析を通じて，政治家信頼に影響を与える要因を探る。

6-1　「政治家」信頼と他変数との相関関係

「政治家不信」質問に対する回答の意味を，ほかの質問への回答との相関から探る。

相関関係の安定性を調べるためもあり，2015年2月ネット調査と2016年7月ネット調査とでほぼ同一のワーディングである項目は対比して取り出して，相関係数を求めた。結果は表5-7を参照されたい。

2015-02調査と2016-07調査の間で，共通する質問と「政治家」信頼質問との相関は，選択肢の両極が逆転していたり，質問紙内での順番が変わっていたりしても，大きな変化はなく，安定的である。

今回の分析の中で，「政治家」信頼との相関係数の値が，2015年調査と2016年調査とで大きく異なるのは，政治的関心で，.141と.240である。これは，本質問紙調査において，政治的関心の質問が特殊な位置を占めていたためではないかと推測している（2015-02調査では，ヴィネット調査との関連で，政治的関

第 5 章　「政治家」不信の考察　155

表 5-7　3 種類の「政治家」信頼とその他の変数との相関

			2016 政治家 信頼	2015 政治家 信頼 (7=不信)	2015 政治家 信頼 尺度 3A	2015 政治家 信頼 AVMCeCs 平均	「政治家」信頼度が相対的に高いのは誰か？
		N	1190	1330	1330	1070	
F1	F1	性別	0.051	-0.023	.070*	0.023	
F2	F2	年齢（10 歳刻み）	-.074*	-.067*	-0.036	-.114**	高齢
F3	F3	教育歴	0.017	0.011	-.073**	0.04	
F5	F6	家庭の年収	-.085**	-.104**	-.083**	-0.031	家庭収入高い
Q2-1	Q15-1	テレビで政治ニュース	.109**	.133**	0.038	.150**	TV で見る
Q2-2	Q15-2	新聞で政治記事	.150**	.164**	.072**	.146**	新聞で見る
Q2-3	Q15-3	ネットで政治ニュース	.105**	.129**	.075**	.106**	ネットで見る
Q5-4		新聞ニュース信頼		.325**	.157**	.218**	新聞を信頼
Q5-5		テレビニュース信頼		.316**	.168**	.231**	TV を信頼
Q15-6		満足感：日本の政治		.621**	.565**	.475**	政治満足
Q22	Q6	内閣支持 7 値	.481**	.550**	.477**	.445**	内閣支持
Q1	Q10	政治関心：本人	.240**	.141**	.064*	.141**	関心あり
Q8-1	Q1-1	有効性感覚： 重要政治課題は理解	.131**	.138**	.077**	.137**	政治課題理解
Q14		幸福感		-.201**	-.205**	-.143**	幸福感高い
Q15-5	Q20	満足感：生活全体	.209**	.213**	.227**	.166**	生活満足
Q17	Q18	生活水準	-.163**	-.198**	-.201**	-.146**	生活水準高い
	Q16-1	社会意見(1)：人は信用できる	-.320**				人は信用できる
	Q16-7	社会意見(2)：社会は公正	-.363**				公正である
	Q5 と SQ	政党支持・Leaner・ 支持無し（3 値）	.292**				政党支持あり
	Q5 と SQ	与党支持か否か（2 値）	-.321**				与党支持

心を質問紙の冒頭の第 1 問でたずねている。それに対し，2016-07 調査では政治的関心についての 3 つのヴィネット質問の後に置いており，これらの影響を受けたのではなかろうか）。

　政治家信頼と相関がある変数を言葉で列挙しておく。第 1 に，内閣支持との相関が高い。これは，政治家信頼が政府信頼との相関が高いことの反映でもあるだろう。また，綿貫（1997：47 頁）が記していた「強い政党支持」の効果，そして「与党」効果，がみられる。第 2 に，家庭収入・生活水準や生活満足度・幸福観などとの相関がある。第 3 に，一般的信頼感や公正社会判断とも相関がある。第 4 に，メディア視聴やメディア信頼との相関がある。第 5 に，政治関心や政治的有効性感覚と相関がある。

　ただし，以上は 2 変数での相関であり，次に，多変数でコントロールした場

6-2 多変量解析から

多変数の中での影響関係を調べるため,「政治家」信頼を従属変数にして,回帰分析を試みた。2015年2月ネット調査と2016年7月ネット調査とを,分析し,比較する。2回のネット調査のデータは,質問に異なる点も多く,独立変数に共通部分と異なる部分とが存在する。

6-2-1 従属変数と独立変数

従属変数は,WVS風の「政治家」信頼である。他の変数との相関は,ほかの2つの測定法(ANES風とヴィネット)とそれほど異ならず,また若干高めである。また2015年2月ネット調査のみでなく2016年7月ネット調査にも類似質問が含まれていて,分布や他の諸変数との相関も近似しているため,両者の結果を少なくとも部分的には比較可能であるとして,この変数を選んだ。

独立変数は,大きく4種類を設定する。

独立変数1は,基本項目として,性別・年齢・学歴・生活水準,である(なお2015年2月調査では「生活水準」に「わからない」という選択肢を用意したため,回帰分析ではN=1296になる)。

独立変数2は,TV・新聞・ネットという,それぞれのメディア利用である。

独立変数3は,メディア信頼,である[13]。

独立変数4は,政党支持(与党か否か),一般的人間信頼,社会に対する公正感である。

これらのうち,独立変数1・2は,2つの調査に共通であるが,独立変数3・4は,いずれか片方の調査にしか含まれていない。

6-2-2 仮　　説

相関係数から想定される仮説を,いくつか挙げておく。

　仮説1:高齢になるほど,政治家信頼が高い

仮説2：生活水準が高いほど，政治家信頼が高い

仮説3：メディアに多く接触するほど，メディアを信頼するほど，政治家信頼が高い

仮説4：与党支持だと，政治家信頼が高い

仮説5：一般的に人間や社会を信頼しているほど，政治家信頼が高い

ただし，特に意識変数については，必ずしも因果の方向は明らかではない。

6-2-3 モデル

3つのモデルで推定を試みた。

モデル1は，独立変数1のみのモデルである。

モデル2は，独立変数1と2を併用したモデルである。

モデル3は，独立変数1～4のうち，それぞれのデータセットに含まれる変数を用いたモデルである。

結果を表5-8・表5-9に示す。

表5-8 「政治家」信頼を従属変数とする重回帰分析1：2015年2月調査（N=1296）

	モデル1			モデル2			モデル3		
	B	SE	beta	B	SE	beta	B	SE	beta
（定数）	5.64	0.26		4.87	0.29		3.48	0.30	
性別	0.00	0.08	0.00	-0.09	0.08	-0.03	0.01	0.08	0.01
年齢（10歳刻み）	-0.05	0.03	-0.05	-0.01	0.03	-0.01	0.01	0.03	0.01
学歴	0.07	0.04	0.05	0.10	0.04	0.07 *	0.08	0.04	0.05
生活水準	-0.17	0.02	-0.21 **	-0.15	0.02	-0.18 **	-0.11	0.02	-0.13 **
メディア利用：TV				0.02	0.03	0.03	-0.03	0.03	-0.04
メディア利用：新聞				0.06	0.02	0.10 **	0.04	0.02	0.06 *
メディア利用：ネット				0.09	0.02	0.13 **	0.13	0.02	0.19 **
メディア信頼							0.17	0.01	0.32 **
R^2乗		0.045			0.078			0.166	
調整済みR^2乗		0.042			0.073			0.160	
AIC		830.7			791.2			6.639	
Schwarzのベイズ基準		856.6			832.5			710.4	
条件数		17.3			22.8			25.8	

表 5-9 「政治家」信頼を従属変数とする重回帰分析 2：2016 年 7 月調査（N=1190）

	モデル 1			モデル 2			モデル 3		
	B	SE	beta	B	SE	beta	B	SE	beta
（定数）	5.16	0.25		4.62	0.28		5.22	0.29	
性別	0.18	0.08	0.07 *	0.13	0.08	0.05	0.06	0.07	0.02
年齢（10 歳刻み）	-0.01	0.00	-0.06 *	0.00	0.00	-0.02	0.00	0.00	-0.02
学歴	0.07	0.04	0.05	0.09	0.04	0.06 *	0.04	0.04	0.03
生活水準	-0.13	0.02	-0.17 **	-0.12	0.02	-0.16 **	-0.01	0.02	-0.01
メディア利用：TV				0.02	0.04	0.02	0.02	0.03	0.02
メディア利用：新聞				0.07	0.03	0.09 *	0.03	0.03	0.04
メディア利用：ネット				0.05	0.03	0.05	0.01	0.03	0.01
一般的信頼感							-0.22	0.03	-0.23 **
社会は公正							-0.24	0.03	-0.25 **
与党支持							0.65	0.07	0.24 **
R2 乗		0.037			0.052			0.255	
調整済み R2 乗		0.034			0.046			0.249	
AIC		566.9			555.2			273.78	
Schwarz のベイズ基準		592.3			595.9			319.18	
条件数		16.8			22.8			30.3	

　モデル 1 では，生活水準のみ予想どおりで，生活水準が低いほど「政治家」信頼が低いという結果となった（性別・年齢は，2016 年調査のみ，5％水準で有意だった）。モデル全体での説明力は低い。

　モデル 2 では，メディア接触の効果を考えた。2015 年データでは「ネットの政治に関する情報」の利用頻度を問い，利用するほど「政治家」信頼が高くなった。しかし，2016 年データでは「インターネット上の政治ニュースを見る」の利用頻度を問うたが，5％水準でも有意な効果はなかった。ワーディングの違いによるものであろうか。「新聞の政治に関する記事」の利用頻度は，2 回の調査ともモデル 2 では 5％水準で有意で，利用するほど「政治家」信頼が高い。

　独立変数 1 の基本項目では，2015 年調査でも 2016 年調査でも生活水準はモデル 1 とほぼ同等の効果を持ち，またモデル 2 では学歴が 5％水準で有意になっている。モデル全体の説明力は，わずかに上昇している。

　モデル 3 は，2015 年データでは「メディア信頼」を加えたところ，「信頼」

という変数であったためか，相対的に大きな効果を持ち，メディア信頼度が高いほど「政治家」信頼が高く，モデルとしての適合度（R2乗，AIC, Schwarzのベイズ基準）も上昇した。またこの変数を加えても，他の変数の効果にはほとんど影響がない。

2016年データでは，一般的信頼感・社会公正感・与党支持の3変数を加えたところ，この3変数は標準化編回帰係数でほぼ同じ大きさの，そして基礎変数やメディア接触より相対的に大きい効果があった。モデルとしての適合度（R2乗，AIC, Schwarzのベイズ基準）も大きく上昇した。一般的に他者を信頼するほど，社会を公正だと考えるほど，与党を支持するほど，「政治家」信頼が高い。また基礎項目やメディア接触の効果はこれら3変数の効果に吸収されたためか有意でなくなった。

先に掲げた仮説に戻ると，仮説1の年齢の効果はほぼない。仮説2の生活水準は一定の効果を持つ。仮説3のメディア接触・メディア信頼は一定の効果を持ちそうであるが，ネット情報の利用頻度の効果はワーディングに配慮する必要がありそうだ。仮説4・仮説5は，一応成立した。ただし，メディア信頼度や，一般的信頼感・社会公正感などの変数は，いずれも主観的な変数であり，因果の方向は明らかではない。

今回の多変量解析では，主観的生活水準と意識変数を除き，政治家信頼を左右する重要な要因は見出せなかった，という結論になる。

7．政治不信の原因：質的探索

2016年7月調査では，表5-2に示したように，Q12-1で，「政治家は信頼できる」と思いますか，それとも「政治家は信頼できない」と思いますか，と7段階で問うた直後に，Q12-2自由回答で，「なぜそのように考えるのですか」，と質問した。自由回答はさまざまな形での分析が可能であるが，いろいろな政治不信・信頼のタイプが存在しうるということを示すため，ここでは量的調査の補助として，予備的分析を示す。

7-1　政治家不信理由のタイプ

　なぜ政治家不信であるのか，回答者の言葉から拾った政治家不信の典型的な理由を，各回答の部分を取り出す形で，表5-10に，簡略化してまとめた（部分であるので，全体としては複数のカテゴリーにわたる回答もあり，回答全体はより複雑である。また今回は，30代までの若年層の回答のみ使用した）。

　第1に，マスメディアの報道・ニュースを理由とする回答である。「政治家」一般については間接的にメディアを通じてしか情報を得ることはできないが，政治家の言動が「事件」として報じられるのを「よく見る」ために政治家を信頼できない，とするケースである。たとえば，「お金を不正に使ったりしているニュースをよく見る」・「金銭や発言にまつわる問題がよく報道されている」などである（タイプ1とする）。

　これに対し，「私たち国民はその問題を起こした政治家のことをよく耳にするため，勝手に政治家＝怠惰な人などの偏見を持ってしまっている」・「イメージでしかなく，信頼できないとは断定できない」などの回答もある。

　第2に，（心情）倫理的・道徳的な理由である。倫理的理由には少なくとも2種類あり，1つ目は，意図的に，あるいは結果として，「嘘」をつくという点である。たとえば，「嘘ばかり」・「実行を前提にしない発言」・「公約と行動が一致していない」，などとされる（タイプ2とする）。正直・誠実などの徳目が満たされないと判断されれば信頼を得ることは困難になる。

　2つ目は，「意図」特に「利己性」にかかわる理由である。たとえば，「己の利益のためだけ」・「金儲け，選挙で当選すること，党内でのし上がることしか考えていない」などとされる（タイプ3とする）。

　第3に，能力や結果責任にかかわる理由である。1つ目は，能力に対する疑義であり，「発言が頼りなく明確なことを言わない」・「党のいいなり」などである（タイプ4とする）。2つ目は，結果にかかわる不満であり，「今まで誰かのおかげで政治が良くなったと感じたことがない」・「党派争いばかり」などである（タイプ5とする）。

　これら以外のタイプ分けもできそうで，さらなる分析は今後の課題である。

表5-10 政治家不信理由のタイプ

タイプ1	メディア		報道・ニュース	事件が多い，（不正の）ニュースをよく見る
タイプ2	誠実さ		嘘・公約不実行	実行を前提にしない発言，公約と行動の不一致
タイプ3	意図	3-1	利己的	自分の利益のため，自分さえ良ければよい．
		3-2	金儲け	お金で動く，税金を私用で使う
		3-3	不正	不正がある，不正と腐敗だらけ，汚職，
タイプ4	能力	4-1	能力不足	不勉強，発言が頼りなく不明確
		4-2	党のいいなり	個人の発言が見られない
タイプ5	結果	5-1	結果不十分	世の中が変わった感じがしない
		5-2	党派争い	党派争いばかり

7-2 政治家信頼理由のタイプ

「不信」に対して，政治家を「信頼」する回答者もいるわけで，その理由の一端を表5-11に示す．意図・結果など，「不信」の理由とは真逆の事実認定をしている「信頼」理由もあるし，「不信」理由としては挙げていない「願望」や「手続き的理由」などを示す例もある．

上記のほかにも，信頼・不信の「どちらでもない」回答者もおり，「具体的に何をしているのかよく分からない」・「人による」などの回答も少なからず存在する．これらの分析も今後の課題である．

表5-11 政治家信頼理由のタイプ

タイプ1	意図	多くの議員は真っ当に仕事
タイプ2	結果	成果を出している例を見聞きした
タイプ3	願望	信用できないとつらい
タイプ4	手続き・過程	自分たちが選んだ

8．結　　論

冒頭に3つの問いを掲げた．第1に，「政治家」信頼度はどのように測定するのが適切か．第2に，「政府」信頼度と「政治家」信頼度はどのくらい異なるのか．第3に，誰が，なぜ，「政治家」を信頼できないのか．

第1の問いの,「政治家」信頼度の測定方法については,WVS風・ANES風・ヴィネット法・一般的信頼感風など,いろいろと試みたものの,まだ道半ばで,さらなる工夫と検討が必要である。ただし,本研究での結論の1つは,調査時期の特性である可能性もあるものの,「政治家」不信は根強いというものである。複数の質問で,強い「政治家」不信を見出した。

第2に,これに対し,「政府」は相対的には信頼されているようである。ワーディング次第で分布は変化しうるが,今回の検討の範囲では,「政治家」に対する不信は強いが,「政府」に対する不信は「政治家」に対する不信よりは強くなかった。

第3に,「政治家」信頼・不信の理由として,いくつか考えられる。可能性の1つは,収入・生活水準という経済的理由である。また,メディア利用頻度やメディア信頼というメディア接触関連の影響である。さらにこれらは,人間や社会への信頼を経由する形で「政治家」信頼に影響を与えているという可能性がある。ただし,自由回答の予備的分析からもみられるように,「政治家」信頼・不信の理由には,さまざまなタイプがあるようで,今後の研究課題である。

権力は常に腐敗する可能性があり,「政治家」についても警戒し続けることは必要だろうが,常に政治家「不信」であり続けなくてもよいであろう。政治家からみても,政治システムという観点からも,有権者からの信頼は,社会資本の一部として政策遂行その他の助けになるはずである。

「政治家」信頼を高めることが望ましいとするなら,そのためには,①政治家「不信」理由に該当する例を減らし,②政治家が何をしているかわからないという有権者を減らし,③「信頼」理由に該当する例を増やすこと・それを伝えること,が大切になり,メディアが「政治家」について何をどのように報道するのかも,焦点になる。

1991年に社会的公正感の13カ国比較調査に参加した際に,日本人の政治への満足度が低く,「なぜ日本は政治も経済もうまくいっているのに,そんなに満足度が低いのか」と質問されたことがある。「政治」や「政治家」が信頼さ

れるようになるかどうかは，長期的には日本社会にとって重要な問題であろう。

付論：マスコミデータとの内閣支持率の比較

ネット調査は，調査会社のモニタを対象とする調査であり，調査結果の偏りの有無・程度について考えるために，他の全国調査データとの比較を試みる[14]。

内閣支持と政党支持については，新聞社などのマスコミによる調査が定期的に実施されてきており，時期が近い調査の結果と比較検討しやすい。ただし，われわれの 2015 年 2 月ネット調査には政党支持の質問を含めていなかったため，ここでは内閣支持について比べる。

2015 年 2 月ネット調査（調査期間 2 月 18 〜 21 日）（N＝1330）と調査日時が近いマスコミ調査は，①朝日新聞　2015-02（2 月 14 〜 15 日）N＝1,840（回収率 46.8％），②日経新聞　2015-02（2 月 20 〜 22 日）N＝1034（回収率 71％），であった。

比較の結果は，図 5-7 に示した[15]。なお，2015-02 ネット調査の内閣支持は Q22 の 7 値（＋「わからない」）と Q4 の 2 値（＋「わからない」）と 2 問ある。ワーディングや設問の位置などもあって，単純な比較はできない（7 値は支持・不支持・その他の 3 分類にリコードした）が，傾向としては，マスコミ調査より，内閣支持が少なく，不支持が多い。

2016 年 7 月（調査期間 7/19 〜 7/25）ネット調査（内閣支持の質問は 7 値のみ）についても，内閣支持について，同時期の日経新聞調査（2016-7/22 〜 7/24）・少しずれるが朝日新聞調査（2016-7/11 〜 7/12）と比較した（図は省略する）。ネット調査 2016-07 における 7 値データを 3 値変換した数値は，支持 45％・不支持 38％・他 17％だった。これに対し，日経新聞調査（N＝1031）では，1 回目の回答は，支持 52％・不支持 31％・DK/NA17％だった。朝日新聞調査（N＝2017）では，支持 45％・不支持 35％・他 20％だった。

図 5-7 2015年2月ネット調査 (N=1330) とマスコミ調査との比較 (内閣支持率)

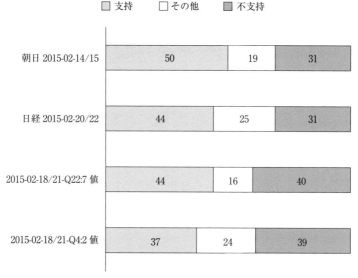

　回答選択肢の7値を3値にリコードした場合，2015-02調査と2016-07調査では，われわれのネット調査のほうが日経新聞調査より，支持が0〜7％少なく，不支持が7〜9％多い。朝日新聞調査との比較では，支持が0〜6％少なく不支持が3〜9％多い。われわれのネット調査の方が，内閣不支持が多いが，相違の方向は安定的にみえる。

　以上は厳密な比較ではない。たとえば，われわれのネット調査と日経新聞の調査とでは，回答者の性比・年齢比が大きく異なっている。2016年7月調査で比べると，男・女の比は，われわれのネット調査は50％・50％であるが，日経調査は55％・45％であった。年齢も，ネット調査は60代までとしたために70代は0％だが，日経調査は70歳以上が23％であった[16]。

謝　辞

　本研究で用いた2015年2月のネット調査は，中央大学2014年度特定課題研究費「有権者の財政に関する意識の研究」によるものである。また，2016年7月のネット調査は，中央大学第27回学術シンポジウムの研究予算を用いた筆者らの研究チーム（サーベイ班）によるものである。いずれも調査会社に委託して実施した。データの収集・利用に際してご協力いただいた方々に感謝する。

1) これらは，綿貫（1997）における「政治家」不信の項目である，国会議員応答性・大組織応答性・政治家腐敗・派閥抗争と腐敗，の4項目と対応するであろう。
　　JABISSのコードブック（綿貫他1997：158頁，201-2頁）と対比すると，これら4項目は，JABISS「事前調査」の問いA2・A3・A5・A6に該当するようで，ANESの項目を参考に作られた項目群であると思われる。各項目の主語は，「国会議員」「国の政治」「国の政治を動かしている人々」「政党や政治家」となっている。
2) 現在の日本の政治家をどの程度まで信頼するのが適切かとか，質問紙調査に対する回答がどの程度まで政治家の実態を正確に反映しているか，などの問題は，本研究の扱いの範囲を超えている。
3) これまでにもさまざまな試みがなされてきている。たとえば，西澤（2008）は，政治信頼を，①意図・動機の適切さ，②目標達成能力，という2軸に分けて評価することを試みている。すなわち，各組織・団体が，「目的に沿った活動をしている」か，「目的を達成するためにしっかりと機能しているか」，の2点のそれぞれに関する評価を測定するという新しい質問を作成し，試みている。
　　善教（2013）は，既存の質問を使いつつ，認知的信頼と感情的信頼に分けて分析している。
　　Parker et al.（2015）は，「政治家」信頼については，次の4項目で測定したという。1）公約を守ったか，2）地位を利用して私益をえたか，3）正直にみえたか，4）正しいことをしたか，である。
　　心情・意図が問題なのか，能力が問題なのか，結果が問題であるのか，結果を出せる政治家に対しても不正は許せないのか，「政治家」信頼の測定問題は，課題が少なくない。
4) 面接調査では，面接者が介在するため，真摯でない回答は行われ難く，また回収チェックの段階で矛盾に満ちた回答は省かれると期待される。しかし，ネット調査では，そのような歯止めをかけにくい状態にあると思われ，データ選択がより大きな問題になる。
5) 2015年2月データについて，宮野（2016：111頁，注1）は，2つの基準（①小問5つ以上を含む大問7つ中の3つ以上の大問内で同じ数値を選択＝8.7％，②200秒以下と短い回答時間＝全データ中の6.2％）を用い，全1493名中の1330名（＝89.1％）を分析対象とした。今回も同じ対象者を用いる。
　　2016年7月データについても，類似した2基準（①小問9つ以上を含む大問5

つ中の2つ以上の大問内で同じ数値を選択＝7.1％，②200秒以下と短い回答時間＝全データ中の7.4％）を用い，全1345名中の1190名（＝88.5％）を分析対象とする。

なお，ヴィネット分析に際しては，Miyano（2015）と同様の基準によりN＝1091になったが，さらに先の2基準を追加したところN＝1070となった。今回は，ヴィネット分析においてはN＝1070のデータを用いる。

6) メディアに対する信頼も含めて示すと，平均値（小さいと信頼，大きいと不信）は，N＝1330の分析では，「民主主義制度」信頼3.53（信頼54％・不信21％），「新聞」信頼3.58（信頼56％・不信22％），「テレビ」信頼3.70（信頼52％・不信25％），「政府」信頼3.92（信頼48％・不信37％），「政治家」信頼4.82（信頼20％・不信61％）であった。

これに対し，「全回答者」（N＝1493）の分析では，民主主義制度信頼3.62（信頼51％・不信22％），新聞信頼3.65（信頼52％・不信23％），テレビ信頼3.76（信頼50％・不信26％），政府信頼3.96（信頼46％・不信36％），政治家信頼4.79（信頼21％・不信58％）であった。「データ選択」の基準②により，同じ数値を選ぶケースの多くを省くため，「選択データ」での分析は，データの特色が明確になる場合が多いと思われる。

7) 「政府」信頼について比べると，2015-02ネット調査では「日本の政府」に対して信頼が不信より多かったが，WVS2010では逆に「政府」不信の方が信頼より多い。すなわち，WVS2010の「政府」信頼の回答（DKを除くと，「非常に信頼する」「やや信頼する」「あまり信頼しない」「全く信頼しない」の4値）を信頼・不信に2分すると，「信頼」24.3％，「不信」64.3％，である。WVS2005でも同様に，「信頼」29.1％，「不信」64.7％で，類似した質問紙では同様の結果になるようだ。

これに対し，ISSP2016の「政府」信頼の質問（Q24）は，2015-02ネット調査と同様に「どちらともいない」という選択肢がある。ISSP2016の5値の「政府」信頼を3値にすると，「信頼」32.2％，「どちらともいえない」28.3％，「不信」32.8％で，信頼と不信が拮抗しており，WVS2010よりISSP2016のほうが，図5-3に示した2015-02ネット調査の結果に近い（「とても信頼」2.4％，「まあ信頼」29.8％，「どちらともいえない」28.3％，「あまり信頼していない」25.4％，「まったく信頼していない」7.4％，「DK/NA」6.7％）。

8) たとえば，ISSP2014の政府信頼に関する質問は，Q9B「私のような一介の市民が考えていることを政府はあまり気にかけていないと思う」賛成61％・中間16％・反対15％・DK/NA 7％（ISSP2004では，70％・13％・10％・DK/NA 7％）で，政府を信頼しているとはいいにくい回答である。もっとも，類似した内容で政治家を主語にした2016-07ネット調査のQ1-8「政治家は当選するとすぐ，有権者のことを考えなくなる」では，同意74％・18％・9％である。「気にかけていない」とか「考えなくなる」などのワーディングのために「政府」に対しても「政治家」に対しても，「不信」側にふれると推測している。

9) ISSP2014調査とわれわれのネット調査の性別・年齢別の割合を比べておく。

ISSP2014は，性別は，女・男の割合で示すと51.4％・48.6％で，ネット調査2016-07の49.7％・50.3％に近い。年齢は，ISSP2014に70歳以上が22.5％含まれている点で大きく異なるが，ISSP2014における若者（10代・20代）の13.5％は，ネット調査2016-07の14.8％に近い。

10) 今1つのISSP2004の質問文は，ワーディングが異なるために直接の比較はできない。すなわち，ISSPQ14B「ほとんどの政治家は，自分の得になることだけを考えて政治にかかわっている」を5点尺度を3つにまとめると，（信頼）17％・27％・50％（不信）とDK/NA6％となる。また，同一の質問文のISSP2004では14％・24％・56％とDK/NA6％である。逆転項目ではあるが，この質問文への回答でも政治家不信は高い。

11) ここでは政治家信頼についてのみ比較したが，ネット調査とISSP調査やWVS調査その他についての，より体系的な比較は今後の課題である。

12) 「全回答者」（N＝1493）の平均値は，4.79と4.78だった。

13) メディア信頼という変数を作る。2015-02データのQ5-4新聞のニュース信頼と，Q5-5新聞のニューTVのニュース信頼の2項目の相関は0.867（N＝1330）と高い。信頼性分析でも$a=0.929$となるので，合算し，「メディア信頼」という新変数とする。

14) ネット調査の調査としての信頼性について，現時点では筆者は次のように考えている。①面接調査・電話調査・郵送調査などでは入手しにくい若年層の回答もえられ，性別・年齢別・地域別という点ではバランスのよい調査結果がえられる。②ランダム化が容易であるなど，他の調査方法では困難なさまざまな調査方法を実施できる可能性がある。ただし，③一部に「熱心でない」回答があり，かつ，④母集団は調査会社のモニタであって日本人全体のごく一部にすぎない，という問題がある。

　しかし，③については，多くの回答は信頼に足りると思われ，全体として，または，設問ごとに，「熱心でない」回答を省いて分析することで対応できる可能性がある。④については，ネット調査の回答を他の調査方法を用いた同時期の調査と比較することで，信頼性を確認するなどの方法がありうる。さらにパネル調査で時系列的な信頼性を確認するなどの方法も考えられる。

15) 図5-7では，宮野（2017b：26頁，図1）の図と，日経データの値を変えている。日経データでは，1回目の質問の「DK/NA」回答者に対して2回目の質問をしていて，そこでの支持・不支持を含めるか否かという違いである。

16) 2016-07ネット調査では，内閣支持については，女性は「その他」と「不支持」が多い。政党支持についても，女性は「自民党支持」が少なく「支持無し」が多い。ネット調査と日経調査の相違の一部は，性比の違いや年齢層の違いを反映している可能性がある。今後の検討課題である。

参 考 文 献

1. 荒巻央・山本佳代・村田ひろ子（2017）「教育への期待と高齢者福祉に向けられる厳しい目：ISSP 国際比較調査「政府の役割」・日本の結果から」放送研究と調査 2017 年 5 月号 54-69 頁。
2. King et al. (2004) "Enhancing the Validity and Cross-Cultural Comparability of Measurement in Survey Research." American Political Science Review 98, no.1 (Feb): 191-207.
3. 小林利行（2015）「低下する日本人の政治的・社会的活動意欲とその背景：ISSP 国際比較調査「市民意識」・日本の結果から」 放送研究と調査 2015 年 1 月号：22-41 頁。
4. 三宅一郎（1986）「政党支持とシニシズム」綿貫譲治・三宅一郎・猪口孝・蒲島郁夫『日本人の選挙行動』東京大学出版会 第 2 章。
5. 宮野勝（1996）「政治に関する公正観」中央大学社会科学研究所編『日本人の公正観』中央大学社会科学研究所研究報告第 17 号：155-166。
6. Miyano, Masaru (2015) "Measuring Political Interest Using Anchoring Vignettes: Empirical Evidence from Japan"『中央大学社会科学研究所年報』19: 33-45.
7. 宮野勝（2016）「有権者の財政に関する意識説明の試み」 中央大学文学部紀要 社会学・社会情報学 26: 103-112.
8. 宮野勝（2017a）「ヴィネット法における提示順の効果：政治的関心を例に」 中央大学文学部紀要 社会学・社会情報学 27: 63-72。
9. 宮野勝（2017b）「『政治家』不信についての考察」『中央大学社会科学研究所年報』21: 21-42。
10. Parker, Suzanne L., Glenn R. Parker, and Terri L. Towner 2015 'Rethinking the Meaning and Measurement of Political Trust.' In Eder, Christina, Ingvill C. Mochmann, and Markus Quandt eds. 2015 "Political Trust and Disenchantment With Politics: International Perspectives" Brill: Leiden.
11. 西澤由隆（2008）「政治的信頼の測定に関する一考察」早稲田政治経済学雑誌 370 号 53-64。
12. Nye, J., Zelikow, P., King, D., eds. 1997 "Why People don't Trust Government" Harvard University Press: Cambridge. 嶋本恵美訳 2002『なぜ政府は信頼されないのか』英治出版。
13. 綿貫譲治（1997）「制度信頼と政治家不信」綿貫譲治・三宅一郎『環境変動と態度変容』木鐸社 第 2 章。
14. 綿貫譲治・三宅一郎・蒲島郁夫 1997『日本人の政治意識と行動：1976 年衆議院総選挙パネル調査コードブック』改定初版　エル・デー・ビー。
15. 善教将大（2013）『日本における政治への信頼と不信』木鐸社。
16. 善教将大（2015）「日本の社会は「不信社会」か？：サーベイ実験による政治的信頼指標の妥当性の検証」法と政治 66 巻 1 号 109-136。

17. WVS（World Value Survey）データの URL。
    http://www.worldvaluessurvey.org/wvs.jsp
    WVS2010 の日本データは，下記の URL で「Japan」を選んだ。
    http://www.worldvaluessurvey.org/WVSDocumentationWV6.jsp
    2016 年 1 月 6 日閲覧。
18. 朝日新聞内閣支持率。
    http://www.realpolitics.jp/research/asahi.html
    2017 年 10 月 2 日閲覧。
19. 日経新聞の調査結果の URL。
    https://www.nikkei-r.co.jp/pollsurvey/results/
    2017 年 10 月 2 日閲覧。

* 本章は，『中央大学社会科学研究所年報』第 21 号（中央大学社会科学研究所，2017 年）収載「『政治家』不信についての考察」(21-42 頁) に，加筆修正を施したものである（文章の修正のほか，構成を変更したり，分析を修正したり追加したりしている）。

執筆者紹介（執筆順）

寺村　絵里子　中央大学社会科学研究所客員研究員，明海大学経済学部准教授
種村　　　剛　中央大学社会科学研究所客員研究員，
　　　　　　　北海道大学高等教育推進機構特任講師
塩沢　健一　　中央大学社会科学研究所客員研究員，鳥取大学地域学部准教授
三船　　　毅　中央大学社会科学研究所研究員，中央大学経済学部教授
宮野　　　勝　中央大学社会科学研究所研究員，中央大学文学部教授

政治的空間における有権者・政党・政策
中央大学社会科学研究所研究叢書35

2018年3月1日　発行

編著者　三　船　　　毅
発行者　中　央　大　学　出　版　部
代表者　間　島　進　吾

〒192-0393　東京都八王子市東中野742-1
発行所　中　央　大　学　出　版　部
電話 042(674)2351　FAX 042(674)2354
http://www2.chuo-u.ac.jp/up/

Ⓒ Tsuyoshi Mifune 2018　　　　　　　　　　　　　　惠友印刷㈱

ISBN 978-4-8057-1336-5

本書の無断複写は，著作権法上での例外を除き，禁じられています。
複写される場合は，その都度，当発行所の許諾を得てください。

中央大学社会科学研究所研究叢書

1　中央大学社会科学研究所編
自主管理の構造分析
　　－ユーゴスラヴィアの事例研究－
Ａ５判328頁・品切

80年代のユーゴの事例を通して，これまで解析のメスが入らなかった農業・大学・地域社会にも踏み込んだ最新の国際的な学際的事例研究である。

2　中央大学社会科学研究所編
現代国家の理論と現実
Ａ５判464頁・4300円

激動のさなかにある現代国家について，理論的・思想史的フレームワークを拡大して，既存の狭い領域を超える意欲的で大胆な問題提起を含む共同研究の集大成。

3　中央大学社会科学研究所編
地域社会の構造と変容
　　－多摩地域の総合研究－
Ａ５判482頁・4900円

経済・社会・政治・行財政・文化等の各分野の専門研究者が協力し合い，多摩地域の複合的な諸相を総合的に捉え，その特性に根差した学問を展開。

4　中央大学社会科学研究所編
革命思想の系譜学
　　－宗教・政治・モラリティ－
Ａ５判380頁・3800円

18世紀のルソーから現代のサルトルまで，西欧とロシアの革命思想を宗教・政治・モラリティに焦点をあてて雄弁に語る。

5　高柳先男編著
ヨーロッパ統合と日欧関係
　　－国際共同研究Ⅰ－
Ａ５判504頁・5000円

EU統合にともなう欧州諸国の政治・経済・社会面での構造変動が日欧関係へもたらす影響を，各国研究者の共同研究により学際的な視点から総合的に解明。

6　高柳先男編著
ヨーロッパ新秩序と民族問題
　　－国際共同研究Ⅱ－
Ａ５判496頁・5000円

冷戦の終了とEU統合にともなう欧州諸国の新秩序形成の動きを，民族問題に焦点をあて各国研究者の共同研究により学際的な視点から総合的に解明。

中央大学社会科学研究所研究叢書

新原道信編著

31 うごきの場に居合わせる
－公営団地におけるリクレクシヴな調査研究－

A 5 判590頁・6700円

日本の公営団地を舞台に，異境の地で生きる在住外国人たちの「草の根のどよめき」についての長期のフィールドワークによる作品。

西海真樹・都留康子編著

32 変容する地球社会と平和への仮題

A 5 判422頁・4800円

平和とは何か？という根源的な問いから始め，核拡散，テロ，難民，環境など多様な問題を検討。国際機関や外交の意味を改めて考える。

石川晃弘・佐々木正道・リュボミール・ファルチャン編著

33 グローバル化と地域社会の変容
－スロヴァキア地方都市定点追跡調査Ⅱ－

A 5 判552頁・6300円

社会主義崩壊後四半世紀を経て今グローバル化の渦中にある東欧小国スロヴァキアの住民生活の変容と市民活動の模索を実証的に追究。

宮野　勝編著

34 有権者・選挙・政治の基礎的研究

A 5 判188頁・2100円

有権者の政治的関心・政策理解・政党支持の変容，選挙の分析，政党間競争の論理など，日本政治の重要テーマの理解を深める論集。

＊価格は本体価格です。別途消費税が必要です。

━━━━━ 中央大学社会科学研究所研究叢書 ━━━━━

坂本正弘・滝田賢治編著

7 現代アメリカ外交の研究

A5判264頁・2900円

冷戦終結後のアメリカ外交に焦点を当て，21世紀，アメリカはパクス・アメリカーナⅡを享受できるのか，それとも「黄金の帝国」になっていくのかを多面的に検討。

鶴田満彦・渡辺俊彦編著

8 グローバル化のなかの現代国家

A5判316頁・3500円

情報や金融におけるグローバル化が現代国家の社会システムに矛盾や軋轢を生じさせている。諸分野の専門家が変容を遂げようとする現代国家像の核心に迫る。

林　茂樹編著

9 日本の地方ＣＡＴＶ

A5判256頁・2900円

自主製作番組を核として地域住民の連帯やコミュニティ意識の醸成さらには地域の活性化に結び付けている地域情報化の実態を地方のCATVシステムを通して実証的に解明。

池庄司敬信編

10 体制擁護と変革の思想

A5判520頁・5800円

A.スミス，E.バーク，J.S.ミル，J.J.ルソー，P.J.プルードン，Ф.N.チュッチェフ，安藤昌益，中江兆民，梯明秀，P.ゴベッティなどの思想と体制との関わりを究明。

園田茂人編著

11 現代中国の階層変動

A5判216頁・2500円

改革・開放後の中国社会の変貌を，中間層，階層移動，階層意識などのキーワードから読み解く試み。大規模サンプル調査をもとにした，本格的な中国階層研究の誕生。

早川善治郎編著

12 現代社会理論とメディアの諸相

A5判448頁・5000円

21世紀の社会学の課題を明らかにし，文化とコミュニケーション関係を解明し，さらに日本の各種メディアの現状を分析する。

中央大学社会科学研究所研究叢書

石川晃弘編著

13 体制移行期チェコの雇用と労働

A 5 判162頁・1800円

体制転換後のチェコにおける雇用と労働生活の現実を実証的に解明した日本とチェコの社会学者の共同労作。日本チェコ比較も興味深い。

内田孟男・川原　彰編著

14 グローバル・ガバナンスの理論と政策

A 5 判320頁・3600円

グローバル・ガバナンスは世界的問題の解決を目指す国家、国際機構、市民社会の共同を可能にさせる。その理論と政策の考察。

園田茂人編著

15 東アジアの階層比較

A 5 判264頁・3000円

職業評価、社会移動、中産階級を切り口に、欧米発の階層研究を現地化しようとした労作。比較の視点から東アジアの階層実態に迫る。

矢島正見編著

16 戦後日本女装・同性愛研究

A 5 判628頁・7200円

新宿アマチュア女装世界を彩った女装者・女装者愛好男性のライフヒストリー研究と、戦後日本の女装・同性愛社会史研究の大著。

林　茂樹編著

17 地域メディアの新展開
－CATVを中心として－

A 5 判376頁・4300円

『日本の地方CATV』（叢書9号）に続くCATV研究の第2弾。地域情報、地域メディアの状況と実態をCATVを通して実証的に展開する。

川崎嘉元編著

18 エスニック・アイデンティティの研究
－流転するスロヴァキアの民－

A 5 判320頁・3500円

多民族が共生する本国および離散・移民・殖民・難民として他国に住むスロヴァキア人のエスニック・アイデンティティの実証研究。

中央大学社会科学研究所研究叢書

菅原彬州編
19 連続と非連続の日本政治
Ａ５判328頁・3700円

近現代の日本政治の展開を「連続」と「非連続」という分析視角を導入し，日本の政治的転換の歴史的意味を捉え直す問題提起の書。

斉藤　孝編著
20 社会科学情報のオントロジ
－社会科学の知識構造を探る－
Ａ５判416頁・4700円

オントロジは，知識の知識を研究するものであることから「メタ知識論」といえる。本書は，そのオントロジを社会科学の情報化に活用した。

一井　昭・渡辺俊彦編著
21 現代資本主義と国民国家の変容
Ａ５判320頁・3700円

共同研究チーム「グローバル化と国家」の研究成果の第3弾。世界経済危機のさなか，現代資本主義の構造を解明し，併せて日本・中国・ハンガリーの現状に経済学と政治学の領域から接近する。

宮野　勝編著
22 選挙の基礎的研究
Ａ５判152頁・1700円

外国人参政権への態度・自民党の候補者公認基準・選挙運動・住民投票・投票率など，選挙の基礎的な問題に関する主として実証的な論集。

礒崎初仁編著
23 変革の中の地方政府
－自治・分権の制度設計－
Ａ５判292頁・3400円

分権改革とNPM改革の中で，日本の自治体が自立した「地方政府」になるために何をしなければならないか，実務と理論の両面から解明。

石川晃弘・リュボミール・ファルチャン・川崎嘉元編著
24 体制転換と地域社会の変容
－スロヴァキア地方小都市定点追跡調査－
Ａ５判352頁・4000円

スロヴァキアの二つの地方小都市に定点を据えて，社会主義崩壊から今日までの社会変動と生活動態を3時点で実証的に追跡した研究成果。

―― 中央大学社会科学研究所研究叢書 ――

石川晃弘・佐々木正道・白石利政・ニコライ・ドリャフロフ編著

25 グローバル化のなかの企業文化
―国際比較調査から―

A5判400頁・4600円

グローバル経済下の企業文化の動態を「企業の社会的責任」や「労働生活の質」とのかかわりで追究した日中欧露の国際共同研究の成果。

佐々木正道編著

26 信頼感の国際比較研究

A5判324頁・3700円

グローバル化，情報化，そしてリスク社会が拡大する現代に，相互の信頼の構築のための国際比較意識調査の研究結果を中心に論述。

新原道信編著

27 "境界領域"のフィールドワーク
―"惑星社会の諸問題"に応答するために―

A5判482頁・5600円

3.11以降の地域社会や個々人が直面する惑星社会の諸問題に応答するため，"境界領域"のフィールドワークを世界各地で行う。

星野　智編著

28 グローバル化と現代世界

A5判460頁・5300円

グローバル化の影響を社会科学の変容，気候変動，水資源，麻薬戦争，犯罪，裁判規範，公共的理性などさまざまな側面から考察する。

川崎嘉元・新原道信編

29 東京の社会変動

A5判232頁・2600円

盛り場や銭湯など，匿名の諸個人が交錯する文化空間の集積として大都市東京を社会学的に実証分析。東京都ローマの都市生活比較もある。

安野智子編著

30 民　意　と　社　会

A5判144頁・1600円

民意をどのように測り，解釈すべきか。世論調査の選択肢や選挙制度，地域の文脈が民意に及ぼす影響を論じる。